関係の世界へ

危機に瀕する私たちが
生きのびる方法

The Relational
Imperative:
Resources for
a World on Edge

ケネス・J・ガーゲン

東村知子・鮫島輝美・
久保田賢一 訳

ナカニシヤ出版

THE RELATIONAL IMPERATIVE: Resources for a World on Edge
by Kenneth J. Gergen

メアリー・ガーゲンに捧ぐ

はじめに

私が本書を通してみなさんと考えたいのは、以下のような問題です。

—世界は急速に変化し、ますます予測不可能になっています。私たちが頼りにできる確かなものは、ほとんどないように思われます。

—流動する世界に、私たちの社会制度はもはや十分な機能を果たせていません。教育の意味はいよいよ見えなくなり、組織の運営は困難になり、政府への信用は揺らいでいます。

—宗教、政党、国家、人種や民族、経済階級などの違いから、あらゆるところで対立が起こり、紛争は危険なまでに激化しています。

—道徳的な指針となるものがないように思われます。さまざまな価値観、イデオロギー、信念があり、私たちは争い合うか、相対主義者として非難されるしかありません。

—世界の国々は自国にとって何がよいかを第一に考え、気候変動や致死性ウイルス、不平等など、全世界の幸福を脅かす問題はないがしろにされています。共同の取り組み★は、いわば付け足しのようなものにすぎません。

もし、あなたもこのような懸念を持っているなら、本書は魅力的な話し相手になれるでしょう。どれも気の遠くなるような難しい問題ばかりですが、著者である私と読者のみなさんがともに歩むことで、きっと希望に満ちた道が開けると期待しています。

この旅に向けて、私からは新たな視点を提供したいと思います。このような大きな課題に取り組む際、私たちはまず、境界を持つ独立した単位によって世界が構成されているという前提に基づいて考えようとします。ここで言う単位とは、たとえば、個人や家族、学校、組織、政府などのことです。この考え方では、関係は、二つ以上の単位の相互作用から生じる二次的なものになってしまいます。私は、それを根底から転換することを提案します。つまり、関係のプロセスが第一義的であり、その中でそれぞれの単位が独自性を持つようになると捉えるのです。このプロセスから、教育システムが作り出され、健康と病気の境界が生まれ、組織や国家の盛衰が決まります。上記の課題に対して一歩を踏み出そうとするなら、関係のプロセスに注目することが不可欠です。地球上の生命の未来は、このプロセスの状態にかかっています。一つの音だけに耳を傾けていると、全体の調和がとれなくなってしまうのです。

共同の取り組み (collective action)
複数の意思決定者がともに取る行動のことです。一般には「集合行為」と訳されますが、ここでは意訳しました。

本書の中心的な考え方の多くは、『関係からはじまる――社会構成主義がひらく人間観★』という著作において詳しく論じたものです。そこでの提案は、多くの読者に挑戦的で刺激的だと感じてもらえたようです。本書は当初、この考え方を、簡潔かつわかりやすいかたちで紹介するものになるはずでした。しかしながら、二〇〇九年に『関係からはじまる』が刊行されてから、世界は大きく変わりました。特に、次の二つの注目すべき動向は、本書の方向性を大きく変えることになりました。

一つ目は、世界がますます制御不能になりつつあるという感覚です。私たちは、デジタル革命によって、前例のない挑戦と好機の波が押し寄せてきていることをひしひしと感じています。どんな局所的な出来事や取り組み、イメージ、意見も、瞬く間にグローバルな舞台に踊り出て、予測不可能な結果をもたらすかもしれません。一方で、地球環境は悪化の一途をたどっています。水資源の枯渇、多発する森林火災、ハリケーンの襲来など、地球温暖化の影響は誰の目にも明らかです。二〇二〇年の新型コロナウイルスの感染拡大では、「私たちはみなともにある」ことを痛感すると同時に、団結する力を持ち合わせていないことを思い知らされました。

二つ目の動向は、まさに関係を築くことの問題、可能性、実践に対する関心の高まりから生まれてきたものであり、私たちに希望を与えてくれます。世界中で、関係に配慮した革新的な取り組みが次々と登場し、教育、セラピー、ヘルスケア、組織開発、ガバナンスなどの分野では新たな実践が生まれています。ともに歩んでい

『関係からはじまる――社会構成主義がひらく人間観』
著者ガーゲンの主著の一つで、邦訳は二〇二〇年に出版されました。個人という境界を持つ独立した存在「境界画定的存在」を前提とする従来の人間観を、関係を基盤とする「関係規定的存在」へと転換することを提案しています。

くための道はきっと見つけられるはずだという意識が強くなっていることを感じます。本書の関係の視点が、このような動向にまとまりと力を与え、持続可能で豊かな未来を創り出すための刺激的なリソースになることを願っています。

ケネス・J・ガーゲン

目次

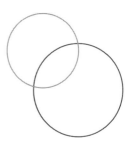

第1章　関係の世界へようこそ！

Entering the Relational World

私たちの言語の限界は、私たちの世界の限界である。
――ルートウィヒ・ウィトゲンシュタイン

人間には、はかり知れない創造力があります。この百年間に限っても、私たちは原子エネルギーを利用し、月に飛び、世界中と瞬時に通信できる技術を開発しました。ところが、人間同士の関係に目を向けてみると、それに匹敵するような成果はほとんど見当たらないことが不思議です。人間は何千年もの間、ともに生活してきたにもかかわらず、日常は不信感、偏見、非情さ、利己主義に満ちています。さらに視野を広げてみれば、二極化した対立、不平等、抑圧、流血の惨事に直面し続けています。なぜ私たちは、他者との関係の結び方を進歩させることに、ここまで失敗してしまったのでしょうか。私たちが持っている思い込みや議論の仕方、常識的な付き合い方が妨げになっているという可能性はないでしょうか。ひょっとしたら、私たちが考えるときに使う言葉そのものが、邪魔をしているのかもしれません。

グローバルな課題がますます脅威を増していることを考えれば、これは決して取るに足らないことではありません。地球全体を覆い尽くすテクノロジーの出現により、どんなローカルな問題も、潜在的にグローバルなものになりえます。あらゆる伝統は他の伝統と摩擦を起こし、いつ新たな動きが勃発するかもしれません。私たちがいま直面しているのは「ウィキッド・プロブレム（厄介な問題）★」、すなわち喫緊の重要性を持ちながら、非常に複雑で変化し続けるため、多くの情報が必要になる解決困難な問題です。本書は、従来の常識を打ち破り、私たち自身、私たちの世界、私たちがともに生きる方法についての理解を深める未踏の旅への扉を開きます。

ウィキッド・プロブレム（厄介な問題）
ホルスト・リッテル（Horst W.J. Rittel）らが提唱した概念で、多数の要因が複雑に絡まり合い、定義することが非常に難しく、客観的な正解のない問題のことです。「意地悪な問題」とも訳されます。

その可能性を理解するために、境界を持つ独立した人々が寄り集まって私たちの生きる世界が構成されているという、よくある前提を考えてみましょう。この前提に立つと、個人の資質や特徴に細心の注意が向けられるようになります。たとえば感情、思考、記憶、気分、価値観など、個人の心の状態に関する用語★は何千とあり、私たちは自分の人生や将来について決断するときにそれらを道具として使っています。人間関係がうまくいかなくなると、私たちは「誰の責任か」「悪いのは誰か」と問いはじめます。家族、学校、組織、国家について議論するときも、独立した単位に目を向け、その家庭生活の質、その学校の特徴、その組織の体制に焦点を当てます。図書館には、その国家の成り立ち、歴史、特徴などの情報がぎっしり収められています。私たちの手持ちの語彙は**分離という前提**に支配され、その結果、分離した実体同士の関係を語るための語彙は貧しくなってしまっています。あたかも、チェスのそれぞれの駒を説明する用語はたくさんあるのに、チェスというゲームについてはほとんど語れないようなものです。しかし、チェスの勝負に必要なのは、まったく逆のこと（ゲームについて豊かに語ること）なのです。

そこで本書では、境界を持つ分離した単位へのこだわりをいったん保留し、関係のプロセスを探っていきます。本章ではまず、分離という前提について、特にそれがいかに私たちの生活を蝕んでいるかという負の影響を詳しく検討します。こうして、分離の世界から**関係の世界**へとパラダイムを転換する準備が整います。[1] これか

個人の心の状態に関する用語
『関係からはじまる』第3章（八九－九〇頁）を参照してください。

ら述べるように、私たちのあらゆる行為は、何を現実（合理的、正しい）と考えるかも含めて、事実上関係のプロセスに左右されます。私たちがその人の資質や特徴とみなすものも、このプロセスから生まれてくるのです。第2章では、日常生活における関係のプロセスに注目し、関係の視点についての理解をさらに深めていきます。ここまでは日常的な関係に焦点を当てますが、その後の章では、教育、セラピー、医療、組織、紛争、統治などのより影響の大きい分野に、関係の視点をいかに応用できるかを探っていきます。どの章においても、危機に瀕するこの世界でともに歩んでいくための知恵を見出すことができるはずです。

個人とコミュニティを超えて

「今この瞬間、あなたの周りにある世界について説明してください」と言われたら、あなたは何と答えるでしょうか。きっと、机、コンピュータ、照明、椅子など、さまざまなものについて話すでしょう。部屋には窓があり、ドアがあり、もしかしたら向かい側には友人が座っているかもしれません。いつも通り、と言いたいところですが、この簡単な説明において何が想定されているか、もう少し詳しく見てみましょう。あなたの説明は、独立した物や実体の目録のようなものです。ここにテーブルがあり、あそこに椅子があり、その向こうには友人がいる、という具合です。

世界は**独立した単位**からなり、そのほとんどに対して豊富な記述の語彙が用意されています。たとえば、コンピュータや友人について言えそうなことをすべて考えてみてください。世界を単位によって捉える考え方は、決して新しいものではなく、西洋文化では古代ギリシャの哲学者デモクリトスの著作にさかのぼります。デモクリトスは、私たちの世界は基本的に原子と呼ばれる物理的に分割できない単位で構成されていると説きました。このような考え方は、今日の私たちにとっても馴染み深いものです。原子物理学はその一例にすぎません。重要なのは、この原子論的な世界観が今や常識になっているということです――机とコンピュータと友人からなる世界が。

確かに、このような原子論的な世界観は便利です。私たちの日常生活だけでなく、科学もほとんどがこの世界観に依拠しています。特に興味深いのは、私たちが自分自身をどのように理解しているか、つまり独立した個人という考え方です。私たちは、他人と区別するために作られた名前（さらに数字やパスワード）によって識別されています。このように、自らを、境界を持ち他から切り離された単位として理解することは、共有する価値観や生き方とも結びついているのです。世界の多くの地域で、個人の自由と自律性が重んじられ、個人の功績や英雄的行為が賞賛され、個人の怠慢や臆病さが非難されます。このような価値観は日常生活を形づくるだけでなく、さまざまな制度にも組み込まれています。たとえば学校では、生徒個人を評価し、一人ひとりに自分で学習に取り組む責任を持たせます。職場でも、個人を採用し、個人を評価し、仕事のできない人を排除します。裁判所では、個人の有罪・無罪を判断します。西洋の民主主義制度も、個人の選択と自己決定権という価値観に基づいています。

それで、何か問題でも？

もし私たちが独立した自己という伝統の中で快適に暮らしているのなら、なぜそれに代わるものを探す必要があるのでしょうか。重要なのは、原子論的な世界観は、一つの理解のあり方にすぎないと気づくことです。あなたは、自分を他の人と分けて考えているかもしれませんが、多くの場合、あなたは単に「彼ら」の一部なのです。自分は独立した個人であり、独自の考え、感情、欲望を持っているとあなたが信じているのは、歴史と文化のなせるわざです。人類学者のクリフォード・ギアツ★は、次のように述べています。

> 人間は、境界を持つ唯一無二の存在であり、……意識、感情、判断、行為のダイナミックな中心として他と対比される一つのまとまりをなす……という西洋の概念は、世界の文化という観点で見るとかなり特殊な一つの考え方にすぎない。[2]

★**クリフォード・ギアツ（Clifford Geertz）**
アメリカの文化人類学者。バリ島を主なフィールドとし、解釈人類学を提唱しました。

自分自身や世界に対する私たちの理解、そしてその理解に基づく価値観は、世界のあり方によって決定されているわけではないと気づけば、私たちは自らの立ち位置の限界や足りないところについて自由に問うことができるようになります。さらに、もし問題があるとわかれば、代替案を模索し、創造することもできるのです。この観点から、個人主義の伝統に対するよく知られた批判のいくつかを考えてみましょう。

私が一番！

もし、基本的に私たちが互いに独立した存在で、自分の行動の責任は自分にあるとしたら、何が人生の目的になるでしょうか。一つの明白な答えは、自分自身の面倒を見ることです。「私」が大丈夫であること、安全で、食べるものに困らず、出世することが重要なのです。これは、多くの社会科学者の見解でもあります。ジークムント・フロイトは、人間は生まれながらにして根源的な自己快楽の欲望を持っていると考え、[3] 人間性心理学のアブラハム・マズローは、人間の最高の欲求は自己実現であると提唱しました。[4] 現代の経済学者による経済行動の理論は、自己利益を最大化し、損失を最小化しようとする個人の基本的な欲望を前提にしています。社会生物学者は、人間の基本的な動機は自己の遺伝子を増やすことであると主張します。[5] これらの考え方はすべて、自分を最優先することを合理化するものであり、利己主義、エゴイズム、ナルシシズムとも呼ばれています。

自分優先の考え方は、倫理や信頼の問題とも関連があります。西洋の倫理学では、長らく他者への配慮が強調されてきました。「自分を愛するように隣人を愛しなさい」というキリスト教の戒めはその典型です。慈善や博愛の伝統を支えているのは、まさにそうした価値観なのです。そのような努力は賞賛に値するかもしれませんが、それらもまた分離という前提を支えていることを認識する必要があります。「あなた」は「隣人」を「自分のように」愛さなければならないのです。自己愛が第一だと考えることは、他者を疑う根拠になります。完全に信用できる人は一人もいません。信じられるのは、自分自身で獲得したものだけです。家族や隣人、業者、政治家なども同じです。恋人の愛の誓いさえ、自分が単なる「優良物件」にすぎないことを隠すためのものかもしれません。よく言われるように、「ナンバーワンには注意」する方が賢明なのです。

私の方が優れている……それとも？

自分自身に焦点を当てると、「他の人と比べて自分は優れているのか、それとも劣っているのか」と考えるのは当然です。このことが社会生活における関心の中心になってきます。心理学者の言うこの社会的比較★は、二つの不幸な結果を招きます。第一は、自尊心の問題です。他の人の方が「私より優れている」と思ったり、「私は二流だ」と思ったりすることで、自信喪失や不安感が生じます。自尊心の要求が西洋文化に広がっていることは、長くセラピストによって指摘されてきました。人々は、自分の価値や能力、好感度、外見などに疑いを持っています。心理療法も、生徒の自尊心を高めるための教育プログラ

社会的比較
周囲の人々と自分自身を比較し、社会における自らの位置を確かめようとすることです。『関係からはじまる』第1章（三六-三八頁）で詳しく論じられています。

ムも、自分は大丈夫だと思えるようにするためのものです。急増するスポーツクラブや整形手術、ファッション産業、数十億ドル規模の化粧品産業は、自分にはどこか足りないものがあるという不安感を煽っています。重要なのは、もし私たちが分離という仮定を受け入れなければ、自尊心の問題は消えてしまうだろうということです。

社会的比較の第二の不幸な帰結は、優越性、つまり他人より優れていることが追求されるという点です。より良い／より悪いという比較があれば、必ずより良くありたいという気持ちが働き、自分の優位性を正当化する理由を見つけようとします。たとえば、自分の道徳観、文化、宗教、美的センスなどが「一番優れている」ことを、もっともらしく説明しようとするのです。学校で良い成績を収めている生徒は、成績の低い生徒を見下します。他人より裕福な人は、自分をより優れている、あるいはより価値がある、より勤勉であるとみなすかもしれません。よく言われるように、「誰も敗者になりたくない」のです。こうして、社会の分断と対立の舞台が整っていくということも、おわかりいただけるでしょう。

なぜ他人が気になる？　もし私たちが根本的に分離した個人の世界に住んでいるなら、人間関係は二の次になります。人間関係は、二人以上の人間が集まってはじめて成り立ちます。人間関係は、「作ったり」「働きかけたり」できる人工的な装置であり、自分のニーズに合わない場合は捨ててしまうことも可能です。人間関係が私たちの自由を束縛したり、成長を妨げたりするなら、その関係から離れることもやむをえないと私たちは思っています。「この関係から私はどれだけのものを得ているのだろう?」「この関係にどれだけの時間と労力を費やしているのだろう?」と考えることもあるでしょう。社会科学者が言うように、私たちは他者に対して**道具的な態度**★をとるようになります。他者を、自分の欲求を満たすための単なる道具として扱いはじめるのです。もし欲求が満たされないなら、つまり利益よりもコストが大きいなら、「自分の道を進む」ときなのではないでしょうか。「楽しくない」のに結婚生活を続けたり、「何の得にもならない」のに家族行事に出かけたり、コミュニティのために政治活動をしたりすることに、いったい何の意味があるのかと疑問に思うかもしれません。「自分のことを第一に」考えるべきではないでしょうか。

利己主義、不信、不安、嫉妬、疎外感、破壊的衝動、社会的無責任は、独立した自己という一般的な信念がもたらす結果のごく一部にすぎません。他にもたくさんあります。個人主義の伝統を批判する人々は、それが人種差別、強欲、経済的搾取、貧困に対する無関心などの原因になっていることを指摘してきました[6]。再考の余地は十分にあるのです。

道具的な態度
他者や環境を利用して自分の目的を達成したり、できるだけ大きな利益を得たりしようとする態度のことです。『関係からはじまる』第1章（四二 - 四三頁）も参照してください。

コミュニティは解決策になりえるか？

もし私たちの伝統的な理解のあり方が共生の妨げになっているとしたら、そのような「常識」から抜け出すにはどうすればよいのでしょうか。うまく抜け出せたとしても、それに代わるものはあるでしょうか。最もわかりやすい答えは、他の伝統を探し、その生き方から学ぶことです。西洋の個人主義的な文化とは対照的に、個人を舞台の中心に位置づけないような文化も、世界には数多く存在しています。最もわかりやすいのは、共同社会と呼ばれているものです。共同社会では、個人よりもその個人が所属する集団が重視されます。集団は、家族、集落、部族、カースト、宗教、国家などさまざまですが、個人の生活より全体の福祉が優先されます。このような共同的な生活様式は、世界の多くの人々に安心、方向性、道徳的明快さ★、信頼、そして意味をもたらしてきました。

しかしながら、広く認識されているように、共同体中心の生活には大きな欠点もあります。集団への忠誠心は、時に息苦しいものになります。新しいアイデア、別の視点、創造的な表現は、集団の伝統や教義を脅かすおそれがあるため、宗教的あるいは政治的権威から逸脱すれば投獄や処刑につながりかねません。また、賢明な意思決定という面でも問題があります。集団の合意が優先されると、そこから外れた考え方をする人の居場所がなくなります。集団の連帯を求めるあまり、狭量で単純化した判断に陥ってしまう事態は、集団思考★と呼ばれています。また、テクノロ

道徳的明快さ（moral clarity）
善悪がわかりやすく区別されていることを意味します。

集団思考（groupthink）
集団浅慮とも訳されます。アメリカの社会心理学者アーヴィング・ジャニス（Irving Janis）は、集団が愚かな意思決定を行ってしまう集団思考のプロセスをモデル化しました。

ジーが急速かつ予測不可能な変化を引き起こす世界では、集団の声によって審議の幅が狭まることが大惨事につながる可能性もあります。

一般に、集団への賛美は、個人の自己への傾倒と同様、多くの問題を抱えています。個人も集団も、本質的には独立した存在です。つまり、個人主義において遭遇した数々の問題が、集団のレベルでも繰り返されるのです。「自分たちのグループが第一」と考えていると、他のグループは見えなくなるか、異質で危険な存在になります。「私たち対彼ら」という構図が生まれるのです。政党間の競争が国家に損害をもたらし、国家間の競争によって世界の幸福が損なわれることになります。もし「私たちのグループ」の方が優れているなら、支配する権利があるはずです。私たちこそが「真理」の所有者になり、覇権を握る国家になり、神に選ばれた民族になり、支配する側の人種になります。圧倒的な残虐性の種は、ここに潜んでいるのです。

関係という代替案

初めに関係がある。

――マルティン・ブーバー★

マルティン・ブーバー（Martin Buber）
オーストリア生まれのユダヤ人哲学者で、主著に『我と汝』『対話』などがあります。ガーゲンの「関係規定的存在」の概念に大きな影響を与えており、たびたび引用されます。

私たちはまさに、議論の重要な転換点を迎えています。ここまで、人間としての私たちを理解する上で、伝統的に重視されてきた二つの考え方を精査してきました。自律した個人も集団の優位性も、境界を持つ存在という考えに基づいています。どちらの伝統も、私たちの価値ある生き方に貢献するものでしたが、その一方で大きな犠牲も払ってきたのです。今問うべきは、それ以外の方法で私たちの世界を理解することはできるか、ということです。それは、取り組みがいのある深遠な問いです。根本的な分離と利己主義の落とし穴を回避するような理解を、工夫と努力を重ねながら作り上げていくことはできるでしょうか。さらに重要なのは、その代替案によって、より期待の持てる豊かな生き方を切り開くことができるかということです。

協応行為——意味は関係から生まれる

個人主義の伝統に限界を感じた多くの思想家たちは、私たちの生活における人間関係の重要性に目を向け、互いを愛すること、思いやり、寛大さ、寛容さ、尊敬、道徳的責任などの大切さを、さまざまに説いてきました。しかし、これらの試みのほとんどは、**境界画定的存在**★という前提から出発し、それらが互いにどのように関わるのが理想かを考えています。個人という基本的に分離した存在が第一でありながら、他者への配慮が求められるのです。この重要性の順位を逆にし、**関係のプロ**

境界画定的存在（bounded being）
『関係からはじまる』第1章で、その限界について詳しく論じられています。

セスから始めるとどうなるでしょうか。つまり結びつきを基本とするのです。この場合、個人について語られることはすべて、関係から生まれるということになるかもしれません。

まずは視覚的な例を使って説明しましょう。紙の上にランダムに引かれた三本の線（下図の①）を、どのように配列するか考えてみてください。たとえば、「矢印」（下図の②）「アルファベットのH」（同③）「怖い顔」（同④）を作ることができました。

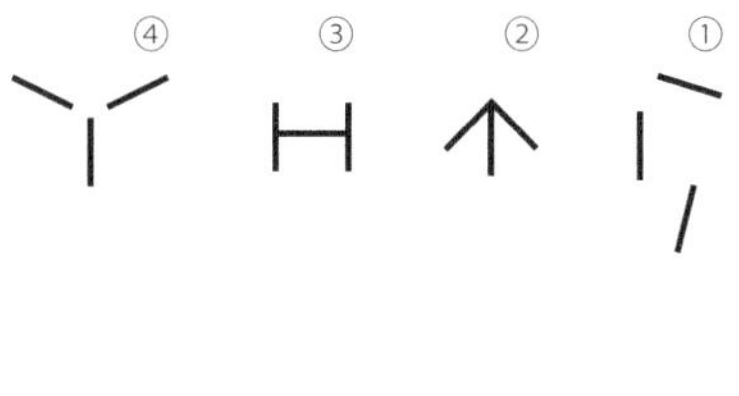

三本の線それ自体には意味がなく、互いに独立しています。しかし、このように関連づけられることで、それぞれ異なる意味を持つ meaningful（意味 meaning で満たされる full）ようになります。同じ論理を使って、「is」「dress」「a」「really」「that」「pretty」という六個の単語を考えてみましょう。各単語はそれ自体では、つまり文脈がなければ、先ほどのバラバラの線と同様に何の意味もありません。特定の関係の中に位置づけてはじめて、「本当に素敵なドレスだね（That is really a pretty dress.）」という意味を持つようになるのです。さて、この言葉を実際に使ってみましょう。道を歩いている男性が、通りすがりの人に「本当に素敵なドレスだね」と手当たり次第に声を掛けているところを想像してください。あなたは、この人は心の病気なのだろうか、避けた方がいいだろうかといぶかるかもしれません。この発話だけ取り出しても、ランダムに引かれた線と同様に意味がはっきりしませ

ん。では、この男性（ロルフと呼びます）は、職場の同僚であるサンドラと廊下ですれ違ったときにこう言ったとしましょう。そうすると、この言葉は褒め言葉としての意味を持つようになります。

ところが、サンドラはプレゼンの準備に必死で、ロルフの言葉を聞いていなかったとしましょう。果たして、その発言は褒め言葉と呼べるでしょうか。褒め言葉のように聞こえるかもしれませんが、サンドラの認識と何らかのかたちで結びつかない限り、空中に漂うただの音にすぎません。さて、サンドラが書類から顔を上げて「うん、ありがとう」と答えたとしましょう。サンドラの返事によって、ロルフの発話はようやく褒め言葉として意味を持つようになります。比喩的に言えば、サンドラの感謝という行為が、ロルフの言葉に褒め言葉としての命を吹き込むのです。

何ということのない話に思われるかもしれません。しかし、サンドラの「うん、ありがとう」という言葉を考えてみてください。一見、感謝の気持ちを表しているように見えます。でも、もしサンドラが通りを歩きながら、誰にともなくこの言葉を口にしていたらどうでしょうか。不可解ですし、もしかしたら頭がおかしくなったのかもしれません。ということは、彼女の発言それ自体は、感謝の行為ではなかったのです。ロルフの彼女に対する特定の言葉と連動してはじめて、それは感謝の行為になります。繰り返しになりますが、サンドラが褒め言葉としての命を吹き込むことができたのは、ロルフの発言が種を植えてくれたからなのです。

「褒める」ことも「感謝する」ことも、個人の独立した行為として存在しているわけではありません。これらの行為は、**両者の関係の中で**はじめて意味あるものとして認識されるのです。ロルフとサンドラは、何かを意味するために互いを必要としています。より正式な言い方をすれば、二人は**協調的な行為**あるいは**協応行為**★を通して意味を生み出したということになるでしょう。協調がなければ、言葉は意味を持ちえません。協調が内容に先立つのです。これは、私たちの持っているすべての言葉に当てはまります。たった一人で言葉を作り出すことはできません。私たちが発する音声は、協応行為を通してはじめて言葉になるのです。ウィトゲンシュタイン★は、一個人にしかわからない「私的言語★」は存在しないことを示しました。協調のプロセスの中でのみ、発話が言語になるのです。[7] 私たちが他者と話すとき、協調の歴史を引きずっており、その中には、はるか昔にさかのぼるものもあります。しかし、言葉を発する瞬間、私たちは無意味の縁にぶら下がっているのです。その後の展開次第で、意味に満ちた生活に戻れることもあれば、そうならないこともあるでしょう。

変化し続ける意味

二人の人物の対話を観察するとき、通常、話している方に注意が向けられます。そのため、映画では、男性俳優に語りかけている女性俳優の顔がまず画面いっぱい

協応行為（co-action）
行為そのものに意味があるのではなく、行為と行為が結びつくことによって意味が生まれることをあらわしています。『関係からはじまる』第2章を参照してください。

ルートウィヒ・ウィトゲンシュタイン（Lutwig Wittgenstein）
ガーゲンが最も大きな影響を受けた人物であり、彼の『哲学探究』なしに『関係からはじまる』は執筆できなかっただろうと語っています。

私的言語
ウィトゲンシュタインは『哲学探究』において、「話し手の直接的で私的な感覚を指示し、他人は理解できないような言語を想像できるか」という問いを立てて議論しています。

に映し出され、男性が答えるときにはカメラが動いて男性を映します。しかし、この映し方では、最も重要な要素である二人の表情が協調し合うプロセスを見落としてしまいます。発話はこのプロセスの中ではじめて意味を持つのです。協調の重要性をさらに理解するために、ロルフの褒め言葉に戻りましょう。ロルフの発言に対して、サンドラが次のように答えたとしたらどうでしょうか。

〔例1〕
ロルフ　「本当に素敵なドレスだね」
サンドラ　「もう一回言ってみてください。ハラスメントで通報しますよ！」

〔例2〕
ロルフ　「本当に素敵なドレスだね」
サンドラ　「とてもうれしいです。コーヒーでも一緒にいかがですか」

一つ目の例では、褒め言葉に見えていたものが、不適切な口説き文句になりました。二つ目の例では、同じ言葉がロマンチックな誘い文句に生まれ変わっています。ロルフは、自分の言葉の意味を自分でコントロールすることができないのです。この瞬間のロルフの未来は、サンドラの返答にかかっています。

興味深いのは、私たちは身近な人々の性格や個性に関心を持つということです。彼あるいは彼女は、どんな人なのでしょうか。この人は温かいけどあの人は冷たい、この人は気前がいいのにあの人はケチだ、などと評することもあります。自分自身について、私は賢いか、自己中心的か、創造性があるか、理想主義的か、臆病か、のように自問するかもしれません。これらの問いはいずれも、特徴をその人の中にあるものとして扱っています。チェスで言えば、それぞれの駒に焦点が当てられているのです。ここで、先ほどの例に戻りましょう。ロルフは褒め上手なチームビルダーなのでしょうか。それとも肉食系男子、または優しいロマンチスト？　いずれの場合も彼の言葉は同じですが、同僚の反応によって、私たちの考える彼の性格が決まります。同様に、他者とはまったく無関係に賢かったり、自己中心的であったり、創造的であったりする人は、一人もいないのです。笑ってくれる人がいなければコメディアンは存在しないでしょう。私たちは、自らの言葉の意味やアイデンティティの所有者ではありません。関係の中で、私たちは自分を知ったり、自分を失ったり、生まれ変わったりするのです。

ただし、ここまでの議論はまだ局所的で、刻々と進んでいく流れから一組の協調的な発話を抽出したにすぎません。先ほどはサンドラが同僚を定義する言葉で終わっていましたが、意味づけのプロセスはまだ続いています。今度は、彼女の言葉がロルフの返答に委ねられているのです。次のような可能性を考えてみましょう。

〔例３〕
ロルフ　「本当に素敵なドレスだね」
サンドラ「もう一回言ってみてください。ハラスメントで通報しますよ！」
ロルフ　「褒め言葉がわからないなんて、本当に残念だ」

〔例４〕
ロルフ　「本当に素敵なドレスだね」
サンドラ「もう一回言ってみてください。ハラスメントで通報しますよ！」
ロルフ　「君は被害妄想が強いとみんなが言っているけど、僕もそう思うよ！」

ここではロルフが、サンドラへの返答を通して彼女の性格を定義づけています。三つ目の例では、無神経な人間、四つ目のケースでは心の問題を抱えた人になるでしょうか。このように彼女の性格を定義し直しているからといって、ロルフが相手を貶めていると簡単に結論づけることはできません。おわかりのように、ロルフがこの問題に対する「とどめの言葉（最終決定権）」を持っているわけではないのです。会話が続くにつれて、それぞれの発言が前の発言を意味づけ、二人の性格は少しずつ変化していきます。このようにして、学校は落ちこぼれの生徒を、精神科医は精神障害者を、裁判所は犯罪者を生み出していくのです。しかし、本当にこれらの組織が「とどめの言葉」を持つべきなのでしょうか。

身体化された行為も関係から生まれる

ここまで、会話の中で意味が絶えず共同構成されていくさまに着目してきました。ここからは、もっと視野を広げる必要があります。結局のところ、言葉（発話）は身体による行為であり、分析的な目的を除いて、身体的な活動から切り離すべきではありません。このことは、手指の形や動き、位置によって意味を共創する手話を考えてみれば一目瞭然です。会話を、空中ブランコ乗りのように身体化された協調のプロセスだと考えましょう。

私たちの言葉は、協応行為を通してその意味を獲得します。身体の動きも同じです。生まれたばかりの赤ちゃんは、無目的に手足を動かしているように見えます。その動きに意味はありません。私たちはその動きを見ても、赤ちゃんが何かを伝えようとしているとは思わないでしょう。ところが、三歳になるまでには、子どもたちの動きのほとんどが文化的な意味を帯びるようになります。社会化★とは本来、生まれたばかりの赤ちゃんを一般的に受容されている協調のパターンに引き込むプロセスなのです。いつ、どこで、どのように話すか、あるいは笑い、泣き、叫び、歩き、座り、走るかは、すべて関係のプロセスの中で形と意味を与えられているのです。たとえば友人と話しているとき、あなたもその人も片足で立ったり、飛び跳ね

社会化
アメリカの発達心理学者バーバラ・ロゴフは、『文化的営みとしての発達——個人、世代、コミュニティ』（當眞千賀子訳、二〇〇六年、新曜社）で、人の発達過程が文化によって多様であることを詳細に論じています。

たり、腕を振り回したりはしていないはずです。どれも、すること自体は可能ですが、とても奇妙に思われます。しかし、二人が互いに向き合い、一方が話している間、もう一方がうなずいたり、微笑んだり、不機嫌になったり、あるいは話し手の発言に合わせて顔の表情を変えたりするというのは、十分にありえます。話す、聞くという行為はダンス★のようなものであって、身体化された協調が不可欠なのです。

　もう少し考えてみましょう。友人と話すとき、あなたはどんな服装をしているでしょうか。土曜日の朝に道で話しているならジーンズ、プールなら水着、結婚式ならフォーマルなドレスやタキシードを着ているでしょう。ある場面に合った服装を別の場面で代わりに着ることは、容易ではありません。たとえば、結婚式に水着で出席することはまずないでしょう。なぜなら、私たちが使う言葉と同じように、私たちの服装は、協調の歴史の中でその意味を獲得しているからです。ウィトゲンシュタインが言うように、私たちの**言語ゲーム★**は**生活形式★**に埋め込まれています。[8] もし人生から、関係のプロセスに由来するものをすべて取り除いてしまったら、あなたは何をするでしょうか。おそらく、呼吸、消化、睡眠などの生物学的に必要なことしかできないのではないかと思います。つまり、**意味あるすべての行為の源泉は、関係のプロセスにある**のです。

ダンス
ガーゲンが最も好んで使うメタファーで、人々が互いに動きや行為、言葉を協調させながら意味をつくり出していることをあらわしています。

言語ゲーム
言語を事実をありのままに映し出す鏡のようなものとして捉える言語観に対し、ウィトゲンシュタインは、言語の使用は本質的に活動であるという点に光を当てるために「ゲーム」というメタファーを用いました。

協応行為による世界の構成

言葉と行為のどちらにおいても、「意味をなす」ことは協同的な営みであると述べてきました。私たちは日々の会話の中で、自分や家族、友人、政治、スポーツなど、さまざまなことを話し、それらは単に当たり前の現実として受けとめられています。私たちが会話に使用する言葉はすべて、協調的な行為の結果です。と同時に、私たちは、いつ、どこで、どのように言葉を使うかについての合意も生み出してきました。たとえば、市場では、あるものを「りんご」と呼び、別のものを「ぶどう」と呼ぶという合意があります。これらの名前は、確かに日常生活でとても役立っていますが、「りんご」と「ぶどう」以外の言葉を使うこともできたはずです。実際、他の言語では違う言葉が使われます。その意味で、名前は恣意的なものです。もし使えるなら、「アルファ」「ベータ」と呼ぶこともできるでしょう。同じように、頭を抱えて泣いている人について話すときは、「悲しい」とか「ふさぎこんでいる」といった言葉を使うでしょう。「怒っている」とか「お腹が空いている」とは言いません。それは、私たちの伝統ではないからです。これは一見当たり前のことのようですが、実は深い意味を持っています。

りんごやぶどうに限らず、木や山、砂漠、海が実在することは、誰もが認めるでしょう。どれもこの世界に存在するものであり、神話や作り物ではありません。しかし、言葉を具体的な物や出来事のように扱うことは、**具体性の誤謬**★になります。

生活形式
言語ゲームと生活形式については、『あなたへの社会構成主義』第２章（五四－五七頁）に詳しい説明があります。

具体性の誤謬
抽象化された概念を具体的なものと置き違えて結論を導いてしまうことを意味します。

りんごもぶどうも木も山も、実は存在しません。何かは存在するかもしれませんが、これらの言葉は文化的な生活を営むのに役立っているというだけです。では、アルファとベータは存在するでしょうか。この質問は奇妙に思われるかもしれませんが、私たちがりんごやぶどうと呼ぶものを表すためにこの言葉を用いるなら、アルファやベータは間違いなく存在すると言えるでしょう。科学的な知識も同様です。原子、化学元素、浸透圧、経済成長などの用語は、さまざまなコミュニティ内で活動を調整するために作り出されたものです。しかしながら、「原子がこの世界に存在する」というのは間違いです。科学的な記述や説明は、コミュニティが自分たちの仕事を遂行する上で、たまたま役に立っているというだけなのです。そして、現在の私たちの関心に照らして最も重要なのは、協応行為のプロセスを抜きに、個々の人間について語ることはできないということです。私たちは、個人が集まって関係を形成するという言い方をします。しかし、独立した個人という考え方それ自体が、協調のプロセスの中で生まれたものなのです。それは有用である場合も多かったのですが、私たちの未来を描く上では大きな危険をはらんでいます。

同じことは、私たちが「正当な理由」、あるいは合理性と呼ぶものについても言えます。「正当な理由」とは、ある集団がある特定の場面で重視する話し方のことです。ある政党にとっての「合理的な選択」を、別の政党は「誤解を招き、危険である」と表現するかもしれません。ある授業で「よく考えている」と評価された内容が、別の授業では「あまりにも狭く抽象的だ」と批判されることもあります。数学的論理は、何が論理的であるかについて合意するコミュニティの内部で生成されます。倫理や道徳、価値観について語るとき、私たちは同時に関係の伝統に参加しているのです。ある伝統では道徳的なことが、別の伝統では非道徳的とみなされます。正義のために何マイルも歩いて集会を開くか、自爆テロを起こすかは、関係の歴史次第なのです。要するに、**私たちがこれは現実だ、合理的だ、善いことだと考えるあらゆるものの源は、関係のプロセスに見出されます。**私たちが信じたり思ったりすることや、生きる（あるいは死ぬ）に値すると考えるものは、すべて協調のプロセスの中で生まれ、存続し、あるいは消滅します。私たちがともに生き残るためには、関係のプロセスに注意を払うことが絶対に必要なのです。

●さらに学びたい方へ

Arbib, M. A., & Hesse, M. B.（1986）*The Construction of Reality.* Cambridge: Cambridge University Press.

Bellah, R. N., Madsen, R., Sullivan, W. M., Swidler, A., & Tipton, S. M.（1985）*Habits of the Heart.* Berkeley, CA: University of California Press.（島薗進・中村圭志訳　一九九一『心の習慣——アメリカ個人主義のゆくえ』みすず書房）

Garfinkel, H.（1967）*Studies in Ethnomethodology.* Englewood Cliffs, NJ: Prentice Hall.

Gergen, K. J.（2011）*Relational Being: Beyond the Individual and Community*. New York: Oxford University Press.（鮫島輝美・東村知子訳　二〇二〇　『関係からはじまる――社会構成主義がひらく人間観』ナカニシヤ出版）

Gergen, K. J.（2015）*An Invitation to Social Construction*. 3rd ed. London: Sage.（東村知子訳　二〇〇四　『あなたへの社会構成主義』ナカニシヤ出版［第一版の翻訳］）

Latour, B., & Woolgar, S.（1979）*Laboratory Life: The Social Construction of Scientific Facts*. London: Sage.（立石裕二・森下翔監訳　二〇二一　『ラボラトリー・ライフ――科学的事実の構築』ナカニシヤ出版）

Leary, M. R.（2004）*The Curse of the Self: Self-Awareness, Egotism, and the Quality of Human Life*. New York: Oxford University Press.

Linell, P.（2009）*Rethinking Language, Mind and World Dialogically*. Charlotte, NC: Information Age.

Rosemont, H.（2015）*Against Individualism: A Confucian Rethinking of the Foundations of Morality, Politics, Family and Religion*. Lanham, MD: Lexington Books.

Sampson, E. E.（2008）*Celebrating the Other: A Dialogic Account of Human Nature*. Chagrin Falls, OH: Taos Institute Publications.

Shapin, S.（1995）. *A Social History of Truth: Civility and Science in Seventeenth-Century England*. Chicago, IL: University of Chicago Press.

Shotter, J.（1993）*Conversational Realities: Constructing Life Through Language*. London: Sage.

注

1 「関係」という用語はさまざまな意味で使われ、必ずしも一致しているわけではありません。本書の議論は多くの点で新しいものであり、「関係プロセス論」と名付けることで他と区別できるかもしれません。

2 Geertz, C.（1979）From the native's point of view: On the nature of anthropological understanding. In P. Rabinow & W. M. Sullivan（Eds.）*Interpretive Social Science*. Berkeley, CA: University of California Press. p. 59.

3 Freud, S.（1933）*New Introductory Lectures on Psycho-Analysis*. London: Hogarth.（高橋義孝・下坂幸三　一九七七『精神分析入門［上・下］』新潮社）

4 Maslow, A.（1987）*Motivation and Personality*. 3rd ed. New York: Knapp.（小口忠彦訳　一九八七『人間性の心理学——モチベーションとパーソナリティ［改訳新版］』産能大出版部）

5 Dawkins, R.（1976）*The Selfish Gene*. London: Oxford University Press.（日髙敏隆・岸由二・羽田節子・垂水雄二訳　二〇一八『利己的な遺伝子［40周年記念版］』紀伊國屋書店）

6 その他の参考文献については、章末を参照のこと。

7 Wittgenstein, L.（1978）*Philosophical Investigations*. Oxford: Blackwell.（鬼界彰夫訳　二〇二〇『哲学探究』講談社）

8 前掲書。

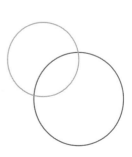

第2章

関係の流れにのって生きる

Living in the Relational Flow

万物は流転する。

――ヘラクレイトス

世界は独立した存在から成り立っているという長年の思い込みは、疎外、自己中心性、敵意、搾取をもたらしています。本書で提案するのは、意味ある行為は、私たちが継続的に参加するプロセスから生まれるというもう一つの見方です。私たち自身も、このプロセスの中で生まれます。その意味で、**プロセスが人間に先立つ**と言えるでしょう。次章以降でこの見方の実用的な可能性を探っていきますが、本章では、その資源となる概念をもう少し広げます。それにより、関係のプロセスについての理解を深め、さらなる実践を作り出すための道具を提供することができるでしょう。本章では、引き続き日常生活に焦点を当てます。まず、「変幻自在的存在」という概念を紹介します。これは、人間を関係の可能性の担い手として理解するものです。次に、そうした可能性が関係の中でいかに実現されているかを検討します。特に関心があるのは、私たちの生活を持続させる関係のパターン、活気づけるパターン、逆に損なってしまうパターンです。最後に、倫理的な価値の問題に目を向け、関係の観点から、倫理的相対主義を乗り越える新たな道を切り開きます。

関係のための資源——変幻自在的存在

私には多面性がある。

——ウォルト・ホイットマン★

私たちは通常、個人が集まって関係を形成すると考えています。まず個人が存在し、人間関係は努力して作るものです。私たちはこの常識をひっくり返します。私たちが「人間」と呼ぶものは、関係のプロセスから作られるのです。人間の本質を魂と考えるか、意識的な意思決定と考えるか、脳の働きと考えるかは、どのような意味づけの伝統に参加するかによって決まります。実際、原子物理学の言説における物質世界には、人間は含まれていません。ここでは、人間の身体を、**関係的な行為の可能性**を担うものとして考えることにしましょう。身体は、動きを可能にする場合も制限する場合もありますが、身体が行う意味のある行為は、すべて関係のプロセスから生まれるのです。この点について考えていきましょう。

ウォルト・ホイットマン(Walt Whitman)
一九世紀のアメリカの詩人、随筆家、ジャーナリストです。

可能性の共創

大人になれば、本を読んだり、字を書いたり、物語ったり、ゲームをしたり、親として子どもに愛情を注いだりと、さまざまなことができるようになります。これらはすべて、関係の流れの中で行われる行為です。赤ちゃんの頃は、どれもできませんでした。人が相対的に無力な状態からこれらのスキルをどのようにして身につけていくか、説明する方法はたくさんあります。ここでは、学習を関係のプロセスとして見ることが有用です。焦点を絞るために、あなたは三歳の子どもで、お母さんがあなたに言葉を教えようとしているとしましょう。お母さんは本を取り出して、真っ赤なりんごの絵が描かれたページを開き、絵を指さしながら「りんご」と言います。その後も参加、調整、模倣などの相互協調を二人で繰り返す中で、あなたはそのイメージに対して「りんご」と言う言語能力を獲得していくのです。

単純な話です。でも考えてみると、この協応行為のプロセスを通して、あなたは自らの可能性を四通りに広げています。第一に、一般に受け入れられているかたちで言語を使うための有用なスキルを獲得しました。第二に、話す、笑う、指さすなど、母親がしている一連の複雑な動作を同じように行う力も同時に獲得しています。つまり、模倣（**ミメーシス**★）の練習をしたのです。大人になっても、子どもの頃の母親の姿を真似ることができる人もいます。第三に、この協応行為の最中に、あなたはある種の人間、この場合は適切なタイミングで「りんご」と言える素直な学び手になる力を身につけました。最後に、このプロセスを通して、関係のプロセスに参加する力も得ました。それは、パートナーと一緒に踊れるようになることに似て

ミメーシス
模倣や再現を意味するギリシア語で、プラトンやアリストテレスの哲学の重要な概念です。

います。つまり、あなたは関係のプロセスを通じて①**関係にとって有用な行為を行うこと**、②**他者のようにふるまうこと**、③**特定の自己としてふるまうこと**、④**自己と他者を協調させること**、ができるようになったのです。

さて、関係の範囲をもう少し広げ、父親との関係も加えてみましょう。らせん状に続く関係のプロセスを通して、あなたは有用なスキルと同時に、父親のようにふるまう（父親のような言葉遣いをし、父親と同じように物事に対応する）可能性を身につけていきます。父親と一緒にいるときには、父親を尊敬する、恐れる、反抗するなど、さまざまな自分になります。さらに、誰が誰に何をどのような順番で言うか、という協調の仕方もわかっています。もしあなたに兄弟や姉妹がいれば、関係への参加の可能性を広げてくれるでしょう。長く付き合ってきた多くの友人や知人もいます。あなたの笑い方や話し方、服装、食べ物の好み、音楽の好みは、その中の誰かに似ているのではないでしょうか。他に、恋人や先生、上司、宗教的指導者もいるかもしれません。関係のプロセスが続く限り、私たちの協調的な行為の可能性は広がっていくのです。

このような資源は、本やテレビ、映画などのメディアとの関係を通しても得られます。物語を読んだり、映画を観たりしている場面を考えてみましょう。私たちはよく、物語の中心人物の一人に自らを重ね合わせます。少しの間、主人公や探偵、恋人になりきり、登場人物の願いや恐怖、勇気、悲しみを一緒に感じることもあります。最も重要なのは、あの人ならこうするだろうと想像する通りに、勇敢に（あるいは愛情深く、大胆に、狡猾に）ふるまうことができるようになるということです。私たちは聖人にも罪人にも、警察官にも泥棒にも、どんなジェンダーにもなれる可能性を持っているのです。

私たちは、関係の歴史から生まれた**変幻自在的存在**★です。手にしている行為の可能性ははかり知れません——たとえ人生という舞台で演じられるのは、ほんの一部だとしても。一日を過ごす中でも、友人や同僚、親、子ども、顧客、恋人との関わりを通して、これらの資源の多くは行為の中に入り込んできます。

「なること」に目を向ける

私たちは関係のプロセスにどっぷりと浸かりながら、一日を過ごしています。たとえ他者が目の前にいなくても、私たちの活動は、関係のプロセスを通して得た理解の範疇で行われます。「意味のあること」はすべて、共創にその起源を持つのです。ここでは、対面の出会いと、変幻自在的存在の融合に焦点を当てることにしましょう。それぞれに多面性を持った者同士が出会う瞬間、行為を調整するという課題が動き出します。参加者は、各自が獲得した資源を活用しながら、一方の言動を他方の言動によって意味づけていきます。一瞬一瞬に、互いの潜在的な可能性が発揮さ

重なり合う行為の可能性

『関係からはじまる』第5章（一九三－一九五頁）に、この図についての詳しい説明があります。

変幻自在的存在
(multi-being)
私たちは多様な関係に浸っていることで、さまざまな可能性をストックしているということをあらわすガーゲンの概念です。『関係からはじまる』第5章（一七六－一九三頁）で詳しく説明されています。

れます。このプロセスが進むにつれて、何が合理的か、何に価値があるかという微妙な暗黙の了解が生まれ、参加者はそれぞれのアイデンティティを獲得していきます。小さな、束の間の世界が構築されるのです。

変幻自在的存在は、蝶のような可能性の羽を一枚ずつ持っていると考えてみましょう。互いの羽が合わさってはじめて、飛び立つことができます。ただし、自由に飛べるわけではありません。まず、その可能性には限界があります。共通の言語がなければ会話は不可能ですし、従順にふるまうことしか知らなければ、批判の声も上げられません。また、いわゆる習慣による制限も受けます。何度も繰り返されることで、他の可能性が排除されたり、異質なものに感じられたりするのです。たとえば、多くの人は二つの性別のいずれかになる（としてふるまう）方法を学んでいるため、性別の転換を求められてもおそらく受け入れられないでしょう。たとえ、「もう一方の性になる」とはどのようなことか、よく知っていたとしても。なぜ、本当の（核となる）自分がいると感じている人が多いのかについても、このような背景から理解することができます。可能性を習慣的に行使することで、それが「本当の自分」になっていくのです。

限界にばかり目が行きがちですが、私たちには豊かな資源があり、絶えず学んで

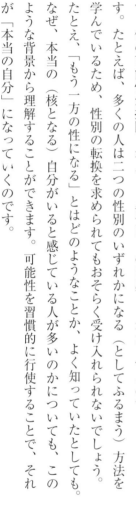

いること、状況による違いがあることを忘れてはいけません。生活空間の中を動き回れば、人間関係の間も移動することになります。誰と出会うか（友人、子ども、恋人、同僚など）によって、それぞれ異なる可能性が関係のダンスに持ち込まれます。著名な心理学者であるウィリアム・ジェームズ★は、「社会的自己は、どう思われているか気になる集団や人の数だけ存在する」[9]と述べています。まだ言うべきことはたくさんありますが、この考え方から導かれる二つの問題に焦点を当てることにしましょう。

関係の調整としての理解

西洋の学者たちは何世紀にもわたり、私たちは他者の心をどのように理解するかという問題と格闘してきました。どうすれば、他者が考えたり感じたりしていることがわかるのか。他者の動機や意図を、どのようにして確かめればよいのか。言うまでもなく、私たちは日々生活する中で、人は自分の考えや気持ちを語ることができるし、行動にはその人の動機があらわれると思っています。しかし、ここで厄介な問題が生じます。これらの言葉や行動が何をあらわしているのか、本当に知ることができるのでしょうか。たとえば、互いを愛していると伝えるとき、自分たちが感じているのは同じ気持ちだとどうしてわかるのでしょうか。相手の内面にアクセスすることは不可能です。もしかしたら、その言葉に込められている意味は、穏や

★ウィリアム・ジェームズ (William James)
アメリカの哲学者、心理学者。パース、デューイと並ぶプラグマティストとして知られ、心理学の父と呼ばれています。

かな魅力、情欲、精神的なつながりなど、まったく異なっているかもしれません。はっきりさせるために「それは、あなたのことが大好きという意味だ」と言ったとしても、その言葉は、その人の頭の中の何を映し出しているのでしょうか。ドキドキしているのか、欲望を感じているのか、それとも……？　何世紀もの間、学者たちはこの難問の答えを探し求めてきましたが、外にあらわれる表現からどうやって他者の心の中を特定できるのか、満足のいく解答は得られていません。実際、頭の中に心があることをどのようにして確かめればいいのでしょうか。フェミニズム理論家のジュディス・バトラー★の言葉を借りて言えば、なぜ「行為の背後に行為者」が存在すると考える必要があるのでしょうか[10]。

この視点から見れば、理解をめぐる従来の問題は、分離を前提とする不適切な枠組みによるものだということがわかります。つまり、個人の活動を生み出しているものが、頭の中のどこかにあるという前提です。それに対して、私たちは、関係のプロセスと人々が持っている協調の可能性から出発します。社会理論家のジョン・ショッター★は、「その人の頭の中に何があるかと問うのではなく、その頭（の持ち主）がどんな関係の中にあるのかと問うようにしよう」と述べています[11]。こうして、理解をめぐる問いに、協調という観点から答えることができるようになるのです。

誤解が生じているように思われるケースを考えてみましょう。タバコを吸ってはいけない場所でタバコを吸っている人を見たり、一緒に食事をしている相手に「塩

ジュディス・バトラー (Judith Butler)
アメリカの哲学者。『ジェンダー・トラブル』など多数の著書を通して、権力がいかに言説というかたちをとって身体と精神を形成していくかを論じています。

ジョン・ショッター (John Shotter)
イギリスの心理学者。自然科学の手法を用いて人間の経験を理解しようとする従来の心理学に批判的な立場をとり、言語や行為を通じて現実が作り出されていることを明らかにしました。

を取ってください」と頼んだらサーモンの皿を渡されたり、友達を褒めたら「何かたくらんでいるんだろう」と非難されたりするような場面です。どの場合も、相手の心の中をのぞき込むことはできません。あなたにわかるのは目に見える行動だけです。それが誤解であるという結論は、その行動が予想される、あるいは許容できる協調のパターンに当てはまらないという事実に基づいています。人々が互いに理解し合うとは、心を読むことではなく、**適切な関係のパターンに参加すること**です。もしあなたが複雑な哲学書を読んで、とても歯が立たないと感じたとしたら、それはあなたがその哲学者の頭の中を理解することができないからではなく、適切な応答の仕方がわからないからなのです。それは、聞いたこともないダンスに誘われるのに似ています。異文化の人々を理解することは、互いに納得のいく踊り方を見つけることに近いのです。

快適さと息苦しさ——日常生活のドラマ

このように、理解を心地よい協調として捉える見方は、もう一つの重要な問題を提起します。なぜ誤解や失望、不満がこれほどまでに広がり、それらをめぐるドラマが日々生じているのでしょうか。私たちには、互いに快適な関係のパターンを見出そうとする強い傾向があります。人々が出会うと、すぐに楽しく話せる話題を探し、動きや表情で相互理解を示します。このような協調が、友情、パートナーシップ、結婚につながっていくのです。参加者たちはそのうちに、この信頼できる関わり方に頼るようになります。親しい間柄では、食事や睡眠、会話のパターンを何十年も続けていくことがあります。信頼や安心、安らぎ、互いを本当にわかっているという実感は、ここから生まれるのです。多くの人にとって、それはとても貴重なものです。

ところが、皮肉なことに、私たちが快適さを求めて協調するとき、それを損なうような力★も同時に作動させているのです。私たちは日々、友人や家族と過ごしたり、職場や教会、趣味の集まりに出かけたりしますが、どこでも同じように調整を求める力が働いています。それぞれの場面で、人々は必要に応じて行動を調整し、特定のアイデンティティ（母親、父親、教師、生徒、友人、恋人、同僚、上司、政治活動家、芸術家など）を獲得していきます。またそれぞれの場面では、固有の現実や合理性、価値観を備えた小さな世界も作られます。人々が出会うとき、互いが関与する世界のすべてにアクセスすることは、ほぼ不可能です。重要なのは、あくまで「今ここ」の現実であって、他者のすべてを把握することはできません。その人が自分にとって重要か、何が違うか、どこまで許容できるかも不明です。

このように考えると、日常生活を混乱させる劇的な出来事がどれほどたくさん生じるか、すぐにわかるでしょう。職場で調和を図ろうとすれば家庭内に不和が生じ、そのせいで友人との信頼の絆にヒビが入り、チームやクラブ、政治団体への献身に

（快適さを）損なうような力
協調による絆が危険なバリケードと化してしまう可能性については、『関係からはじまる』第6章で詳しく論じられています。

疑いが持たれるかもしれません。普段の人間関係の陰には、信頼、忠誠、嫉妬、アイデンティティ、安全などあらゆる問題が潜んでおり、ちょっとした言い回しから それが浮上することがあります。どんな関係も、最終的にうまくいくかどうかは、**他の関係との協調**によって決まります。人間関係の調和を図ることは、非常に困難な課題です。複雑かつ拡大し続ける関係の世界で、調和のとれた生活を送るのに必要なダンスをする用意が、私たちにはできていないからです。

世界をともに創る

これまで見てきたように、協調的な行為を追求することが必ずしも調和につながるわけではありません。私たちは、よい人生や意味に満ちた生活を共創するのとまさに同じ方法で、搾取や不正、侵略を創り出しています。友情、パートナーシップ、愛情に満ちた家族は確かに関係の所産ですが、それは強盗や殺人も同じです。私たちは、見えている通りの道を選びながら一人で生きているのではなく、ともに道を切り開きながら進んでいます。ここでは、世界を共創する微視的なプロセスに着目してみましょう。そうすることで、より希望に満ちた新しい道を創造することができるのです。

関係のパターン――シナリオ

私たちが世界を共創するために主に利用しているのは、過去の関係から得た資源です。私が書いているこの文章も、遠い過去の伝統に依拠しています。言葉や文法、段落構成は、いずれも私が関係の歴史を通して獲得してきたもののバリエーションです。そうでなければ、読者が理解することはできないでしょう。私たちがともにつくり出している意味の源は、私たちが生まれるはるか以前に生成されたものであり、今ではごく当たり前で特に注意が向けられることもありません。これは、私たちが一瞬一瞬の関わり方について、膨大なノウハウを持っていることを意味します。たとえば、友人から「ありがとう」と言われたとき、急に言葉が出なくなってどう言えばいいか考え込むということはまずないと思います。むしろ、迷うことなく「どういたしまして」あるいは「たいしたことないよ」と答えるでしょう。より一般的に言えば、私たちは共通の関係の伝統に参加しているのです。このようなパターンを「**関係のシナリオ**★」と呼ぶことにしましょう。

多くのシナリオは非常にシンプルです。例を挙げてみましょう。

A：質問する　　B：質問に答える
A：提案する　　B：提案に反対する
A：助けを求める　　B：助ける

関係のシナリオ
『関係からはじまる』第４章（一四二－一四六頁）を参照してください。

A：ジョークを言う　　　　B：笑う

このような単純なシナリオの持つ力は、それを逸脱した場合に何が起きるか想像してみるとよくわかります。もし、Bさんが大声で泣きじゃくったり、片足で跳び回ったり、ラップランドの天気を報告したりしたら、どうなるでしょうか。日常生活をスムーズに送ることができるのは、慣れ親しんだシナリオを繰り返しているからなのです[12]。

もっと長いシナリオもあります。たとえば、求婚は、多くの社会でかなりパターン化され、完了するまでに数か月かかることもあります。演劇と同じように、結婚するカップルの家族は、自分が演じる役も、いつどのようにふるまえばよいかもわかっています。他の例として、何世紀にもわたって繰り広げられる復讐の連鎖が挙げられます。ある家族や集団が不当な（と考える）仕打ちを受けて報復すると、今度は報復された側も応酬する権利があると感じ、再び復讐の理由が作り上げられるのです。

私たちは日々、広範な関係的行為の流れの中を動いており、協調のプロセスを通じて人生が形づくられていきます。ここでは、四つの一般的な協調のパターンに注目し、それが私たちの未来にどのような意義を持つかを考えてみましょう。

維持するシナリオ

日々のやりとりのほとんどは何の変哲もないものですが、そのおかげで、私たちは見通しを持って充実した生活を送ることができます。「やあ、調子はどう？」「いいよ。君は？」のようなシンプルな挨拶や、一日の終わりに「さようなら」を言い合う、相手が話しているときに注意を向けるなどの礼儀は、維持するシナリオです。いわゆる世間話も同様です。特に何かが得られるわけではありませんが、気軽に楽しく雑談ができればそれで十分なのです。ただし、そのような会話の重要性を軽く見てはいけません。一見表面的で、「重要な問題」の背景にすぎないように思われるかもしれませんが、このシンプルな儀式こそが、さまざまな意味で、日常生活を支える接着剤になっているのです。

生成的なシナリオ

維持するシナリオについて述べたことをふまえて、「どこかに向かう」会話について考えてみましょう。そうした会話は活気、興奮、喜びに満ち、成長や回復、ひらめきが感じられます。このように、参加者にとってポジティブな方向に進んでいくようなシナリオが、生成的なシナリオです。そうしたやりとりは、短いものもあれば、断続的なもの、長く続くものもありますが、それによって私たちは日常から非日常へと向かうことになります。では、意味と喜びに満ちた豊かなやりとりは、どのようにして生まれるのでしょうか。「相性だ」あるいは「ただのまぐれだ」と言う人もいるでしょう。確かに、この問いに対する答えは単純ではなく、歴史や文化、地域性などが絡んできます。しかし、関係の視点から、このシナリオがどんな行為で構成されているか検討すると、ヒントが得られるのです。このようなやりとりに特徴的な行為の例としては、同意する、支持する、感謝する、共有する、愛情を示す、などが挙げられます。ただし、どの行為も独立したものではありません。たとえば、感激して「わあ、本当にありがとうございます」と言っても、会話の文脈から外れていれば意味をなしません。そうした行為がどんな協調のパターンの中で意味を持つかに、注意を向けるのです。以下の例を考えてみましょう。

Ａ：意見を述べる　　　　Ｂ：Ａの意見に賛成する
Ａ：弱さをさらけ出す　　Ｂ：共感を示す
Ａ：贈り物をする　　　　Ｂ：感謝の気持ちを表す
Ａ：活動への興味を示す　Ｂ：活動への熱意を伝える
Ａ：Ｂへの愛情を示す　　Ｂ：Ａへの愛情を示す

このようなごく短いシナリオにも、人間関係を前向きに、あるいは生成的に変化させる可能性を見出すことができます。協調的な行為の語彙を増やし、関係をポジティブに発展させることは、個人的なつながり、教室や職場、病院などの場、あるいは警察と市民との関係においても可能です。もちろん、これまでの関わりの歴史や、ある状況に持ち込む可能性には、人によって大きな違いがあります。その意味で、生成的な協調は本質的に「アート」なのです。しかし、ポジティブな流れができれば、その軌道を後押しする二つの要素があります。

自己強化　コミュニケーション理論の興味深い知見の一つとして、シナリオが自己強化する可能性が指摘されています。つまり、肯定的な行為のやりとりには、同じパターンが続いていくことが多いのです。たとえば、Aさんからの愛情表現に対して、Bさんが感謝の気持ちを示したとします。するとAさんは自信を得て愛情表現を続け、Bさんも感謝で応じる可能性が高いでしょう。パターンは繰り返されるのです。家族療法家は、このような循環型のシナリオが健全な家族関係の鍵を握ると考えています。集団や組織においても、このような循環は高いモラルと連帯感をもたらします。

伝　播　多くの関係のシナリオに見られる循環は、友情、家族の絆、活気ある組織文化を築き維持する上で、重要な意味を持っています。ここで、生成的なシナリオは互いに強化し合うということも理解しておく必要があります。ある肯定的なやりとりは、他の肯定的なやりとりにつながっていくのです。たとえば、先に挙げた例で、BさんがAさんの意見を高く評価すれば、AさんはBさんをさらに信頼し、その信頼感から自分の弱さを打ち明けるかもしれません。それに対してBさんが共感を示したら、AさんはBさんにささやかな贈り物をするかもしれません。肯定的なシナリオはさらに肯定的なシナリオを生み、生成継承性が広がっていきます。こうして日常から非日常へ、熱狂、歓喜、発見の時間へ、大きく飛躍するための舞台が用意されるのです。

退行的なシナリオ

上記の関係を高める力とは対照的に、悪化させるパターンもよく見られます。家庭、学校、職場では、激しい口論、怒り、嫉妬、非難、いじめ、偏見、搾取が起こり、社会生活に影を落としています。より視野を広げれば、戦争、テロリズム、終わりのない侵略と報復の連鎖が生み出されています。退行的なシナリオは、参加する人々を静かな敵意から相互の破滅へと向かわせる一連の関係の流れであり、会話の次の発話がその引き金になるかもしれません。先ほどの生成的な流れに戻り、Bさんの応答次第で関係がいかに損なわれるかを考えてみましょう。

A：意見を述べる　　B：Aの意見を攻撃する
A：弱さをさらけ出す　　B：その弱さを笑いものにする
A：贈り物をする　　B：贈り物に文句を言う

A：活動への興味を示す　　B：その活動を馬鹿にする
A：Bへの愛情を表現する　　B：興味がないことを示す

ここで、それぞれの発話を**分岐点**として考えてみるとよいでしょう。発話の順番が回ってきたとき、私たちは、自分の次の発話によって関係の方向性がプラスにもマイナスにも変わる地点に立っています。たとえマイナス方向であっても、それが繰り返されていくということがわかるでしょう。たとえば、互いの意見を攻撃し合うことは、一種の文化的な娯楽になっています。気づけば、退行的なシナリオが関係のいたるところに広がっているかもしれません。辛辣な議論は、その後の嘲笑、軽蔑、無関心などの表現につながる場合もあります。

家族療法家のカール・トムは、退行的なシナリオの多くが循環的な性質を持っている点に注意を促しています[13]。トムによれば、そのような関係が続くと、家族病理となってあらわれることもあります。親と思春期の子どもとの関係で頻繁に起こる病理的なシナリオを例として考えてみましょう。

親		**思春期の子ども**
批判する	↔	防御する
評価を下す	↔	抗議する

問い詰める ↔ 答えない

親が子どもを批判すると、子どもは自分のしていることを正当化し、親がさらに強く批判すると、子どもはいっそう防御しようとする——自己強化型の循環を強調すれば、このようになるでしょう。循環型シナリオは、私たちが「ごく自然に」参加してしまうほどありふれたものです。コミュニケーションの専門家は、自分でもわかっているのにこのような辛いパターンを続けてしまうことがあると指摘しています[14]。私たちがそれを繰り返すのは、慣れ親しんだものだからというだけでなく、他にどうすればよいかわからないからなのです。

再生的なシナリオ

退行への道は、すぐ目の前に広がっています。私たちが何かに価値を置く限り、切り捨てられるもの、よくないもの、不要なものが存在します。また、よさの基準が広がれば広がるほど、叱ったり、批判したり、攻撃したりする傾向は高まります。一方、退行的なシナリオがいたるところに広がっているからこそ、人間は「元に戻す」「修復する」「和解する」シナリオも作り出してきました。これらの再生的なシナリオは、今日きわめて重要な意味を持っています。世界中の人々がかつてないほど対峙し、疎外感と反感の可能性が蔓延しているからです。「自分とは異なる」

人々を避けたり、不信感を抱いたり、軽蔑したりするのは簡単です。退行に努力は不要ですが、修復はますます困難になっています。

修復がどのようになされるかを探るために、互いへの非難から敵対関係に陥るという、よくあるシナリオを考えてみましょう。ＡさんはＢさんの無責任さや失敗、あるいはＢさんが負ける原因や不幸な出来事のきっかけを作ったことを非難します。それに対して、Ｂさんは「こうなったのは私のせいではなく、あなたのせいだ」と、結果に関してＡさんを責めます。Ａさんは否定し、Ｂさんの失敗をもっと詳細に指摘するでしょう。すると今度はＢさんが否定し、Ａさんが明らかに無責任であるという主張をさらに展開します。このような非難の応酬は、いつまで続くのでしょうか。これはまさに、「敵対関係へと突き進む人々は、どのようにして関係を修復することができるのか」という問題でもあります。

ここで再び分岐点に注目しましょう。シナリオのどの時点でも、次の発言によって退行へのスパイラルを断ち切り、軌道を修正することは可能です。実際、非難の声に対して、関係の修復を促すような反応をすることがあります。もちろん、おなじみの「非難ゲーム」に巻き込まれてしまうと、そのような可能性は遠のくように思われるかもしれません。戦闘のさなかに、誰が敵にキスしようなどと思うでしょうか。しかし、可能性を少しでも意識することは、関係のアートにおいては貴重な資源になるのです。では、相手の非難に応じる際に有望な選択肢をいくつか考えてみましょう。

―謝罪する
―責任の一部を認める
―どちらを責めるのも筋違いであることを説明する
―互いに非難し合っている様子を冗談にする
―沈黙する

読者のみなさんも、選択肢をさらに追加できるのではないでしょうか。ちょっとブレインストーミングをするだけで、修復に向けた新たな道筋が見えてくるかもしれません。たとえば、家族療法家であれば、「もっとよい話し方があるのでは？」と問いかけるかもしれません。重要なのは、相互非難はあらかじめ決まったシナリオではないということです。ルールに従ってゲームをするのではなく、ルール自体をゲームにしてしまうのです。[15]

困難を生み出す足場、サポートの足場

私たちには、与えられたシナリオの方向性を変え、新しい進め方をともに生み出

していく自由があります。その一方で、あるかたちが他よりも歓迎され、推奨される場合もあります。ただし、それは私たちの関わり方を決めるのではなく、サポートの足場を提供するのです。わかりやすい例を挙げましょう。法廷では、検察官と弁護人が対立するという伝統的な設定が確立され、論争を誘発するような足場が組まれています。関係のプロセスの中で、常に彼らは不一致へと誘導されているのです。同様に、有権者が誰に投票するかを決めるために、候補者同士の討論会がたび開催されます。討論では、候補者が自らを正当化あるいは美化し、「敵」を批判するのが「ごく当たり前」になっています。この二つのケースでは、退行的な関係のプロセスの足場が作られていることに気づく必要があります。たとえ弁護士が個人的に疑問を感じていたり、政治家の間に広範な合意があったりしたとしても、私たちは彼らが敵同士になるような関係の足場を用意してしまっているのです。ここで問うべきは、法廷で自らの主張を貫き通すことが本当に正義に貢献することになるのか、政治の場で対立の足場を固めることが国全体の利益につながるのかということです。

　このような問いは、本書の主要な関心の舞台となります。私たちの制度は、どんな関係のプロセスを支えているのでしょうか。学校、企業、病院、宗教団体、警察、政府は、私たちの関係の結び方をどのように促したり制約したりするのでしょうか。富をめぐる競争を支持するとき、一部の人々が他者に権力を行使することを認めるとき、あるいは政党間の競争によって国の政策が決まるとき、私たちはどんな関係を始めようとしているのでしょうか。私たちはどのように扱われているのでしょうか。私たちの関係は、将来に向けてどんな可能性を持っているのでしょうか。どんな選択肢をともに創り出すことができるでしょうか。

関係の倫理に向けて

このような問いに、価値中立的な立場から答えることはできません。将来への希望を問うことは、自分たちが何を大事にしているのか、よい生き方とは何かを問うことです。一般的に答えるのは簡単です。誰もが平和、幸福、繁栄を望んでいるのではないでしょうか。しかし、日々の生活を考えれば、問題はそれほど単純ではありません。世界のあらゆる場所で人々が納得のいく生活形式を共創した結果として、多様化がますます進み、激しい対立が続いています。人々はこのような違いを認識し、倫理的な基準、あるいは生きるための道徳的な規範を作ろうと試みてきました。倫理規範さえあれば、生き方を比較して正しい判断が下せるというわけです。ああいう生き方ではなくこういう生き方をした方がいいと言えるようになるのです。

ところが、何世紀もの間、哲学や宗教的信条、政治的教義などのかたちで倫理的な確かさを追求してきたにもかかわらず、問題は未解決のまま、意見の相違は続き、紛争が絶えることはありません。さらに悪いことに、「善さ」の確信によって、意見の異なる人々が抑圧され、時に根絶やしにされてきました。私たちはいったいどうすればよいのでしょうか。

多くの人は、違いを尊重すべきだと言います。人々が創造する多様な生き方は、それぞれの歴史、文化、文脈に根ざしており、彼らにとっての価値を有しています。「私たちは多様な伝統を尊重し、ある生き方が他の生き方よりも倫理的あるいは道徳的に優れていると公言することは避けるべきだ」というわけです。この主張は一見合理的ですが、確かさを求める人々は反発します。「どんな伝統も他の伝統と同じように優れているというのか」と彼らは問います。「そんな相対主義を受け入れるなら、奴隷制度も、大量虐殺も、ホロコーストも、原爆投下も認めなければならなくなる。結局、自分たちの価値観を自分たちのやり方で表現しているだけではないのか」。このように、絶対主義的な倫理も、倫理的相対主義も、満足のいく道を提示してはくれないのです。

ここで、第三の道がないか、考えてみましょう。前章では、私たちの伝統の起源を関係のプロセスに求めました。この関係のプロセスには、私たちが大切にしている価値観や道徳観も含まれています。伝統的な価値観に大きなずれがあったとしても、関係のプロセスによって生み出されたという点では同じです。関係が絶たれてしまえば、人々が大切にしてきた生き方も終わりを迎えることになります。ここに、

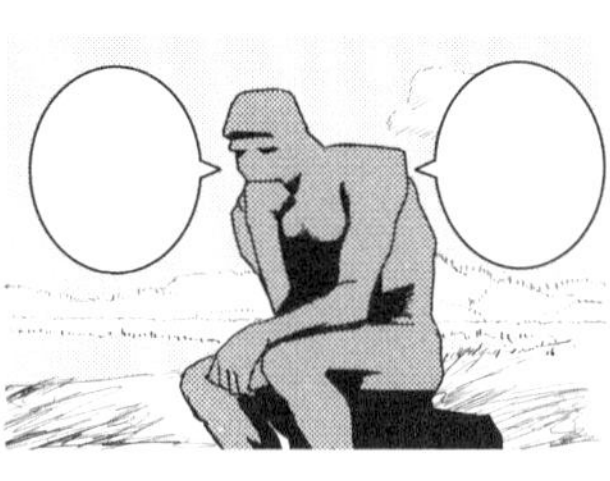

どれほど大きな違いにも適応できる普遍的な倫理の可能性を見出すことができます。私たちの生活形式がどのようなものであっても、関係のプロセスをよい状態に保つことが倫理的に優先されるのです。したがって、善さをめぐって複数の伝統が対立するとき、重要なのは、どちらが優れているか、あるいはどちらが悪でどちらが善かを議論することではありません。議論のプロセス自体が、対立する者の間に距離を生み出すことになるからです。むしろ、私たちがともに歩んでいけるような関係のプロセスを見出したり創造したりすることが答えになります。普遍的な倫理は、どこか遠いところにある抽象的な観念ではなく、私たちの関わりの実践の中で実現されるのです。

本書の残りの章では、私たちの主要な制度に組み込まれている関係のプロセスが、それらを存続させるのに十分であるかどうかを問います。こうした関係のプロセスは、その制度に関わる人々の、あるいはより広い世界の幸福に、貢献できているのでしょうか。何より重要なのは、関係のプロセスそれ自体が豊かであるかどうかです。

●さらに学びたい方へ

Bavelas, J., Gerwing, J. & Healing, S.（2017）Doing mutual understanding. Calibrating with micro-sequences in face-to-face dialogue. *Journal of Pragmatics*, 121: 91–112.

Gergen, K. J. (2019) Toward a relational ethic. In H. Alma & I. Avest (Eds.) *Moral and Spiritual Leadership in an Age of Plural Moralities*. London: Routledge.

Hermans, H. J. M. (2018). *Society in the Self: A Theory of Identity in Democracy*. New York: Oxford University Press.

Romaioli, D. (2013). *La Terapia Multi-Being. Una Prospettiva Relazionale in Psicoterapia*. Chagrin Falls, OH: Taos Institute Worldshare Books.

Schegloff, E. A. (2007) *Sequence Organization in Interaction: A Primer in Conversation Analysis*. Cambridge: Cambridge University Press.

Shotter, J. (2008) *Conversational Realities Revisited*. Chagrin Falls, OH: Taos Institute Publications.

Stewart, J. (2013) *U&ME: Communicating in Moments That Matter*. Chagrin Falls, OH: Taos Institute.

Tomm, K., St. George, S., Wulff, D., & Strong, T. (2014) *Patterns in Interpersonal Interactions: Inviting Relational Understandings for Therapeutic Change*. New York: Routledge.

Wasserman, I. C., & Fisher-Yoshida, B. (2017). *Communicating Possibilities: A Brief Introduction to the Coordinated Management of Meaning (CMM)*. Chagrin Falls, OH: Taos Institute.

注

9 James, W. (1890) *Principles of Psychology*. New York: Henry Holt.（今田寛訳　一九九二『心理学［上］』／一九九三『心理学［下］』岩波書店）

10 Butler, J. (1990) *Gender Trouble: Feminism and the Subversion of Identity*. London: Routledge.（竹村和子訳　二〇一八『ジェンダー・トラブル［新装版］――フェミニズムとアイデンティティの攪乱』青土社）

11 Shotter, J. (2008) *Conversational Realities Revisited*. Chagrin Falls, OH: Taos Institute Publications.

12 Garfinkel, H. (1967) *Studies in Ethnomethodology*. Englewood Cliffs, NJ: Prentice-Hall.

13 Tomm, K. (2014) *Patterns in Interpersonal Interactions: Inviting Relational Understandings for Therapeutic Change*. New York: Routledge.

14 Cronen, V. E., Pearce, W. B., & Snavely, L. M. (1980) A theory of role-structure and types of episodes and study of perceived enmeshment in undesired repetitive patterns ("URPSs"). *Communication Yearbook*, 3: 225–240.

15 Carse, J. P. (1987) *Finite and Infinite Games: A Vision of Life as Play and Possibility*. New York: Ballentine.

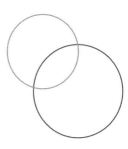

第3章

関係のプロセスとしての教育

Education as Relational Process

意味のある関係なくして、意味のある学びはありえない。

——ジェームズ・P・カマー★

ジェームズ・P・カマー（James P. Comer）
イエール大学の児童精神科医で、教育委員会と協働して学校改善プロジェクトに取り組みました。

世界は急速に変化し、多くの可能性とともに混乱も生じています。多様な価値観やものの見方が存在する世界に生きる私たちは、その複雑さ、対立、課題にどのように対処すればよいのでしょうか。個人、組織、国家が自らの利益を最優先して突き進むような世界に、どうすれば歯止めをかけることができるでしょうか。これらは、教育の未来にとってきわめて重要な問いです。学校は、私たちがともに歩みを進めていく準備をする、最も重要な唯一の場なのかもしれません。果たして学校は、このような課題に取り組んでいるのでしょうか。考えてみましょう。

あなたは一四歳で、教室の自分の席に着いています。先生が、数学の期末試験を配ります。先生の椅子はカンニングを防止するため、クラスの一番前に置かれています。正直なところ、あなたは、試験の準備があまりできていません。勉強する時間がなかったせいもありますし、教科も先生も退屈だからです。とはいえ、あなたは良い点数を取らなければなりません。もし点数が悪かったら、きっと親に叱られますし、友達にもバカにされるでしょう。さらに悪いことに、今週はあと二回も試験があります。まるで刑務所にいるようです。

ぞっとするようなイメージですが、多くの人にとってこれは普通の学校生活です。一日のスケジュールはほぼ決まっており、教科にはほとんど興味が持てません。あなたの役目は情報を取り入れることで、それに基づいて教師、親、同級生から評価されます。あなたは自分の成績にうんざりし、苛立ち、不安を感じています。

このような学校生活は、どうして生まれたのでしょうか。西洋文化におけるこうした教育的アプローチは、一九〇〇年代初頭の産業革命にさかのぼり、学校を工場に見立てるイメージ★につながっています。学校は工場のように、原材料を仕入れて希望の製品に仕上げ、製品はさまざまな雇用主に消費されます。教師は、校長という「上司」がいる工場の組み立てラインで働いているのです。品質管理のためにテストや試験が使われ、工場は費用対効果の分析に基づいて評価されます。「生産性を上げてコストを下げ、最大の効率で学校を機能させるにはどうすればよいか」というわけです。

このような学校教育に対する不満は、かなり深刻なものになっています。生徒が退屈し、ストレスを抱え、疎外されているというだけでなく、精神疾患の治療を受けたり、退学したりする生徒が急増しているのです。また、私たちが直面している複雑かつ急速に変化する予測不可能な状況に関連のあることを、彼らは果たして学んでいるのかという問題もあります。創造的な可能性、学ぶことの楽しさ、異文化の他者とうまくつきあっていく力は、いったいどこで育まれているのでしょうか。工場モデルの教育を好ましいと思う人はほとんどいないにもかかわらず、このモデルは依然として支配的であり、それに挑戦できる強力な代替案はまだないのです。

本章では、関係のプロセスとしての教育という新しい考え方を探っていきます。教育の中心にあるのは、関係のプロセスなのです。私たちがある事柄に熱中できる

学校を工場に見立てるイメージ
工場としての学校メタファー（学校の工場モデル）については、ガーゲンとシェルト・ギルの共著『何のためのテスト？——評価で変わる学校と学び』（東村知子・鮫島輝美訳、二〇二三年、ナカニシヤ出版）第1章で詳しく述べられています。

かどうかは、人間関係によって決まることが少なくありません。学ぶか学ばないかは、先生やクラスメート、家族との関係に大きく左右されます。何をもって理性的とするか、知的な行為と考えるかは、判断する人によって異なります。生徒が試験に失敗したとき、私たちはなぜその生徒のせいにするのでしょうか。教師やカリキュラム、親、あるいは試験という状況がもたらす失敗への恐怖は、何の関係もないのでしょうか。人は、一人で成功したり失敗したりするのではありません。学校教育は、家族、友人、地域コミュニティはもちろんのこと、広い意味での社会や国際社会まで、より大きな関係のネットワークの中で行われているのです。さらに、これらの人間関係の中で行われることは、校舎、教室、施設、空気の質、手に入る食べ物などの環境から切り離すことができません。

以下では、主に人間関係に焦点を当て、教育の産業モデルを関係中心のモデルに置き換える可能性について考えます。教育はどのようなものになるでしょうか。結果として何がもたらされるでしょうか。このテーマをめぐって多くのことが語られ、対話は世界中に広がっています。刺激的な実践が、未来への道を指し示しているのです。

関係の視点から見た教育の目的

公教育の目的については長く議論されてきましたが、「教育は、新しい世代が社会に参加できるようにするものでなければならない」[16]というジョン・デューイ★の基本的な考え方に、賛同する人は多いのではないでしょうか。関係の視点に立てば、**ポジティブな協応行為の流れに参加できるようにすること**と言えるかもしれません。教育の焦点となるのは、個人を伸ばすことでも、ましてや社会を発展させることでもなく、豊かな生き方を維持し創造する関係のプロセスです。個人や特定の教科の学習をないがしろにするのではなく、世界がいよいよ直面する重要な課題の文脈に、それらを位置づけるのです。急速かつ不透明に変化する状況で、革新や伝統の融合、対立の修復、新しい生き方の共創に向けて行動する力が求められています。

この観点から見ると、私たちの伝統的な教育のあり方は、深い問題をはらんでいます。学校を工場として捉える見方によって支えられた関係は、上で述べた目的を掘り崩すことになります。人間は境界で区切られ、分離した単位であり、個人に特定の機能が割り当てられ、その成果を評価されるという想定の内部に留まっているからです。生徒一人ひとりが学業成績で評価されるだけでなく、教師もまた自らの力量に対して個人的に責任を負います。管理職、学校、そして国全体の教育システムも同様です。生徒、教師、学校はそれぞれ競争に巻き込まれ、対立へと追いやら

ジョン・デューイ（John Dewey）
アメリカの哲学者、教育学者で、経験主義、児童中心主義、プラグマティズムで知られています。ガーゲンの教育に関する考え方のベースとなっており、たびたび引用されます。

れます。生徒間では、成績の良い生徒と悪い生徒の間に緊張が生まれ、「頭が悪い」あるいは「傲慢だ」のように、互いに相手を欠陥品として見るようになります。伝統的な教育は、関係の可能性を豊かにするよりも、関係を壊してしまうことの方が多いのです。

豊かな関係に基づく学び

以上の教育の目的をふまえて、私たちはどのように進んでいけばよいのでしょうか。このことは、学びのプロセスにとって何を意味するでしょうか。どのような教育的・指導的実践が求められるのでしょうか。カリキュラムや教科書、授業計画はどう変わるでしょうか。教師の新しい役割や、生徒とその家族、地域コミュニティに対する新たな見方はあるでしょうか。これらは、とりとめのない空想ではありません。実際、ここで提起する関心は世界中の創造的な教育者に共有されています。革新はいたるところで始まっています。そしてその多くは、本書で述べている関係論的な見方に合致するのです。

その可能性を垣間見るために、ノルウェーで大きな成功を収めている学校システムの取り組みを紹介しましょう。この実践から、豊かな関係に基づく学びへの示唆となる重要なテーマを引き出すことができます。ノルウェーの教育機関であるユース・インベスト・スクールは、「生徒の退学」という今日の教育における最も困難な課題に立ち向かっています。多くの国で数えきれない子どもや若者が、学校を耐えがたいものに感じ、学校に行かなくなっています。しかし、退学することで、彼ら自身の将来だけでなく、国全体の幸福も危うくなるのです。ユース・インベストのシステムは、中途退学者への教育への関心を回復させるという点で、目覚ましい成功を収めています。[17] 中途退学者が学校に戻ってくるだけでなく、教育プロセスに熱心に参加するようになるのです。このプログラムは、全国の学校のモデルとなっています。国際的にも注目されており、多くの教育関係者が、ユース・インベストのプログラムはより広い意味での教育にも影響を与えると考えています。どうして中途退学者に限る必要があるでしょうか。関係のプロセスの視点から見ると、このプログラムの成功は、三つの主な特徴によって理解できるように思われます。

プロダクトからパートナーシップへ

教育の工場メタファーが暗に意味するのは、生徒は本質的に教育システムによって形づくられる原材料であるということです。したがって、教師と生徒の関係は、「**私があなたを育てる**」という因果関係で定義されます。この関係は基本的に疎外感を生じさせるものであり、脅しが生徒を動機づける手段になります。「やるか、それとも落第するか」というわけです。「プロダクト（製品）」の質を保証するため、教師と親は、監視と管理の道具となります。これに対し、ユース・インベストのプログラムで培われた実践は、生徒を育てられる対象として定義するのではなく、パートナーシップを生み出すことに主眼を置いています。パートナーシップには、教師と生徒の関係だけでなく、生徒同士の関係や学校コミュニティ全体との関係も含まれていなければなりません。関連する実践のいくつかを考えてみましょう。

―生徒と教師という一般的な区別は、役割を分けるとともに、二つのグループの間に距離があることも示唆します。ユース・インベストでは、生徒は「若い学び仲間」と呼ばれます。生徒と教師が互いに学び合うことに重きが置かれています。

―パートナーシップを築くには、多くの生徒の自由を奪ってきた批判的な姿勢を取り除き、生徒に温かい関心を注ぐ必要があります。生徒が問題を抱え、相談を希望するときは、欠点や限界ではなく彼らの持っている力と可能性に重点を置くのです。

―生徒が前に出てレポートやプレゼンテーションを行う際は、ポジティブな言葉や褒め言葉が印刷された「強みカード」が配られ、クラスメートは発表後に、これらのカードを発表者に一枚（または数枚）渡します。発表者は、たとえば自分には「勇気がある」「希望を与えることができる」「創造性がある」ことがわかるかもしれません。

—学校方針を検討する会議が年間を通じて予定されており、それには生徒も参加することになっています。
—生徒が教職員と一緒に大きな会議に出席したり、共同でプレゼンテーションを行ったりすることも頻繁にあります。

多くの先進的な学校は、パートナーシップ関係へと向かっています。**強みを生かした**教育方法を模索している学校は多数あります。多くの人が気づいているように、間違った答え、注意力の欠如、無責任な行動など、生徒の失敗に焦点を当てることは、個人を萎縮させるだけでなく、生徒と教師との距離を遠ざけることになります。それに対し、生徒のできることに注目すると、学びへの関心や教師との関係が開花します。これと密接に関連するのが、社会変革に向けた**アプリシエイティブな（価値を認める）**実践であり、世界中の学校で活用が進んでいます[18]。アプリシエイティブ・インクワイアリーについては第５章で詳しく説明しますが、変化をもたらすのは、状況の「何が悪いか」ではなく、何が大事にされ、評価されているかについて会話することなのです。

興味深い応用例として、生徒のメンターへの感謝の気持ちに焦点を当てた実践があります[19]。メンターは必ずしも教師である必要はなく、自分の人生にポジティブな変化をもたらした人であれば誰でもかまいません。生徒は授業の課題で、その人物が自分に与えた影響について、その人の優しさや人柄に関する小さなエピソードも含めて詳しく書きました。生徒の作文には、幼い頃のベビーシッター、アスレチックトレーナー、第二言語の教師、学校のカフェテリアで働く女性など、さまざまな人が取り上げられていました。後日、学校は式典を用意し、作文に登場した人々を全員招待して、生徒の体験談を聞いてもらいました。その結果、配慮の輪が広がり、この「親切が私たちを結ぶ（Kindness Unites Us）」プロジェクトは、他の学校にとって一つの目標となったのです。

「型通り」から共創へ

学校が工場であるなら、教育の機械は、仕様通り完璧に型抜きされたクッキーのように、均質で高品質の製品を生産するように設計されます。このイメージの通り、ほとんどの公立学校は標準化されたカリキュラムに従い、全国テストや国際比較の対象となっています。標準化に対する疑問は以前からありましたが、現在は激しい批判にさらされています。複雑で急速に変化する世界において、クッキーの抜き型のように型にはまった教育的アプローチは危険です。多様なスキル、知識、情熱が求められる中で、標準化は害でしかありません。ましてや、思想、イデオロギー、イノベーションがいつのまにか予測不能なかたちで国境を越えていく、意味生成のグローバルな流れにも対応できません。標準化は、非常に多様で変化し続ける世界の状況に対して鈍感なのです。

関係の視点から求められるのは、生徒のニーズや願望、スキル、価値観、またその時の状況や機会に対して敏感に応じられる教育プロセスです。重要なのは、標準的な生徒を作り出すことではなく、豊かで多様な学びと発達の道筋を用意し、後押ししていくことなのです。この観点から、ユース・インベストの主要な実践である「生徒の**ロードマップ**」について考えてみましょう。ほとんどの公立学校では、教師は自身の知識や生徒の興味との関連性を考慮することなく、標準的なコースカリキュラムの通りに進めなければなりません。ロードマップの実践では、生徒たちにまず「五年後に自分はどうなっていたいか」を考えさせます。たとえば、ある生徒は、高級車の整備士になり、結婚してパートナーと暮らし、犬を飼いたいと答えるかもしれません。このような夢を大きな紙の一番上に書きます。次に、その夢を実現するために必要なステップについて、インタビューが行われます。どんな学習が必要か、どの科目を履修するとよいか、二人で会話しながら、これらのステップを大きな紙の上に書き加えていくのです。

ロードマップ

たとえば、運転免許は絶対に必要、自動車修理の講習を受けなければならない、ある程度の読解力と計算力もあった方がよい、などの意見で二人が一致するかもしれません。必要なものを一つずつ明らかにしていくことで、生徒は履修科目や実習など、今すぐすべきことがわかります。ユース・インベストで提供できないものがあれば、近隣の学校や地域の利用可能なリソースを紹介します。インタビューで生徒は、夢に向けて誰の助けやサポートが必要かも合わせて質問されます。たとえば、教師や他の生徒、親、場合によっては地域の人々のサポートが有用であるということがわかるかもしれません。

このような情報もロードマップに追加されます。未来への道筋を意識し続けられるように、ロードマップは学校の壁に貼り、みんなが見られるようにします。かつて孤独で疎外感を抱いていた青年が、今では勉強に打ち込み、自分の目標やそのために必要なことを前向きに考え、他者に感謝する人間になったのです。

公教育を支配する**画一的なカリキュラム**を脱却しようと試みているのは、ユース・インベストだけではありません。このような試みは、幼稚園や小学校における子どもを中心に据えた教育に始まっています。特に、イタリアのモンテッソーリ学校やレッジョ・エミリア・スクールの革新的な取り組みから、**エマージェント・カリキュラム**★が注目を浴びるようになりました。クラス全員に決まったカリキュラムを用意するのではなく、子ども一人ひとりの好奇心や才能に目が向けられます。ある子どもは、海底の生物に夢中になるかもしれません。絵を描いたり、ドレスをデザインしたりするのが好きな子どももいるでしょう。どのケースでも、教師は一緒

エマージェント・カリキュラム
子どもの興味・関心を捉え、それに基づいて授業や保育を展開するという考え方です。『何のためのテスト？』第8章（一七一－一七四頁）に「探究型エマージェント・カリキュラム」の詳しい説明があります。

に取り組み、子どもの興味を伸ばす手助けをします。「集団カリキュラム」という用語は、子どもたちがグループで探究したいことを一緒に決めて行う実践を指します。たとえば、あるクラスでは、朝にミーティングをしてその日の計画を立てます。庭づくりをしたいのか、それとも飲んでいる牛乳の由来を調べてみたいのかなど、グループで話し合って方向性を決めていくのです。

柔軟なカリキュラムは、幼児期の子どもたちには確かに合理的に思われますが、青年期の教育にふさわしいのかという疑問が生じるかもしれません。親や政策立案者は、若者が将来職業に就く準備ができるかという視点で教育の妥当性を考えるため、教育は「真剣勝負」になります。その一方で、標準化された教育では、柔軟性、多様なスキル、革新性が求められる社会で働くための準備が十分にできないことも広く認知されています。このような懸念から、**プロジェクト型学習**が発展することになりました。プロジェクト型学習では、現実世界の問題を明らかにし、教師はファシリテーターとして生徒の問題解決を支えます。低学年の児童は、好きな場所に行くための地図を作ったり、クラスのために焼くケーキのレシピを考えたりすることが課題になります。高学年になると、学校のリサイクルシステムを設計したり、コンピュータを組み立てたりと、課題がより複雑なものになっていきます。生徒は、さまざまな知識を結集し、考察、まとめ、実験、評価を行うことが求められます。

プロジェクト型学習は、一人で行うことも他の人と一緒に取り組むこともできますが、どちらの場合もみんなの前で成果を発表するのが一般的です。成果発表はたいてい、口頭か、視覚メディアやマルチメディアを使って行われます。聴衆は、クラスメートと教員、保護者、地域の人々です。学校によっては、学年末に一般向けの発表会を開催しているところもあり、生徒は自分のプロジェクトに関心を持って見に来てくれた人と話をすることができます。プロジェクト型学習は、世界中で急速に支持を集めています。この運動の先駆けとなっているのが、カリフォルニア州のハイテック・ハイ★の系列校であり、小学校から高校までのカリキュラムが、ほぼ例外なくプロジェクト型学習で構成されています。教科書も、教室に綺麗に並べられた机の列も、筆記試験も、ほとんど見当たりません。

モノローグからダイアローグへ

伝統的な教育は、無知な生徒の頭に知識を詰め込むためのものだと批判されています。従来の授業は、教師が生徒に知っておくべきことを講義するモノローグの形式になっています。生徒はノートを取り、暗記し、復唱する受動的な受け皿として訓練され、それ以外は何もできないかのように扱われます。ユース・インベスト・プログラムの大きな違いは、生徒に教育のパートナーとして参加するよう呼びかけることです。生徒は自らの希望やニーズについて話し合い、教職員や友人と意見を交わし、授業は会話で盛り上がります。ここから、豊かな関係に基づく学びの三つ

ハイテック・ハイ
アメリカ・カリフォルニア州サンディエゴに設立されたチャータースクールと呼ばれる公立高校で、政府や州からなどの公費によって運営され、授業料は無償です。抽選で入学者が選ばれるため、多様な人種やバックグラウンドの生徒が在籍し、約五割は低所得層の子どもたちです。

目の特徴である**対話（ダイアローグ）の重要性**について考えていきましょう。対話型学習の重要性は、いくら強調してもしすぎることはありません。モノローグにないよさは、以下のようなことが可能になる点です。

—**知識の習得**　教科に関する知識だけでなく、他者の視点や意見、価値観も学ぶことができます。他者の生活様式や文化的状況が理解できるようになります。

—**共創のスキル**　アイデアを共有する、疑問を投げかける、違いについて議論する、などの力が高まります。関係の生成的なプロセスに参加するためのリソースが身につきます。

—**関係自体が持つ価値への気づき**　自分以外にも関心を向け、他者とともに作り出しているものにこそ価値があることに気づきます。

もちろん、あらゆる対話がその結果に対して寛大であるとは限りません。表面的で一貫性のない会話や、意見の対立もあります。ソクラテス式問答とも言われる伝統的な対話型授業では、教師が進め方をコントロールしたり、制約したりして、望ましい結論へと導くことも少なくありません。その結果、望ましい発言をする者と「不適切な」発言をする者の間に隔たりが生まれることもあります。また、少数の活発な生徒や熱心な生徒だけで対話を進めてしまい、内気な生徒はまったく発言できないということも起こります。多くの教育者は、インクルージョン（包摂）、力関係、平等な参加に特に配慮し、そのような事態にならないようにしています。このような変化は、二人以上の生徒が一緒に学ぶ**協働学習**★（または**協同学習**）が世界中で展開されていることにもあらわれています。たとえば、低学年の子どもたちは、みんなで一枚の絵を描いたり、近隣の地図を一緒に作ったり、一つの出来事やトピックについて話し合ったりします。高学年の生徒は、一緒に動画を作ったり、クラスで探究を進めたりすることもあるでしょう。大学生であれば、文章の解釈や複雑な問題の解決にグループで取り組み、意見をクラスで共有することもできます。創造的な可能性は無限大です。

工場モデルの教育を関係に基づく教育へと転換させる上で、これまで重視されてきたのは、生徒とのパートナーシップ、カリキュラムの共創、および対話型学習でした。ところが、このような動きの展開を阻んでいるものがあります。それは、標準化された評価の要請です。もし教育が常に変化し続ける関係のプロセスであるならば、なぜ**個人**の成果に対して簡単に評価を下そうとするのでしょうか★。なぜ個人をランク付けしたり、その価値に評点をつけたりしなければならないのでしょうか。この多元的な世界で、誰がそのようなことをする権限を主張できるのでしょうか。標準化された評価がどのような影響をもたらしているか、探ってみることにしましょう。

協働学習（協同学習）
本書では、collaborative learning を協働学習、cooperative learning を協同学習と訳しています。どちらもグループで協力しながら取り組む学習形態ですが、教師と生徒の関係や、どちらが学習を主導するかなどの点で違いもあります。

簡単に評価を下そうとする
原語の summary judgement には、略式判決（正式な手続きを省略して判決に至ること）という意味があります。

テストの暴力的支配を超える——関係に基づく評価

—アンナは、試験期間の真っ最中です。何時間もかけて暗記し、リーディングの詰め込み勉強をし、それでも不安を感じています。

—一一歳のショーンは、いらいらしています。二日間の全国テストが迫っており、クラスでは二週間前からその準備をしてきました。「なぜ僕はこんなテストを受けるために、ここに座っているんだろう?」と彼は自問します。

—ロンは、大学入試の受験勉強をしています。美術史を学びたいのですが、数学で高得点を取らないと大学に入れないため、不満と恐怖を感じています。

これは、工場型の教育がもたらした結果です。生徒は一人ひとり、顕微鏡で他人から冷静に観察され、評価を下されます。本人の興味や熱意、スキルとは関係なく、その結果が生徒の人生を左右することもあります。生徒が抱えるストレスや不安はかつてないほど高まっており、大半の人が、テストと成績評価は自分たちが受けている教育の最も好ましくない特徴だと考えています。また、評価は本来、学習効果を高めるためのものですが、逆の結果に終わることも少なくありません。生徒はテストに出ることだけを勉強し、三か月も経てばほとんど忘れてしまいます。生徒が

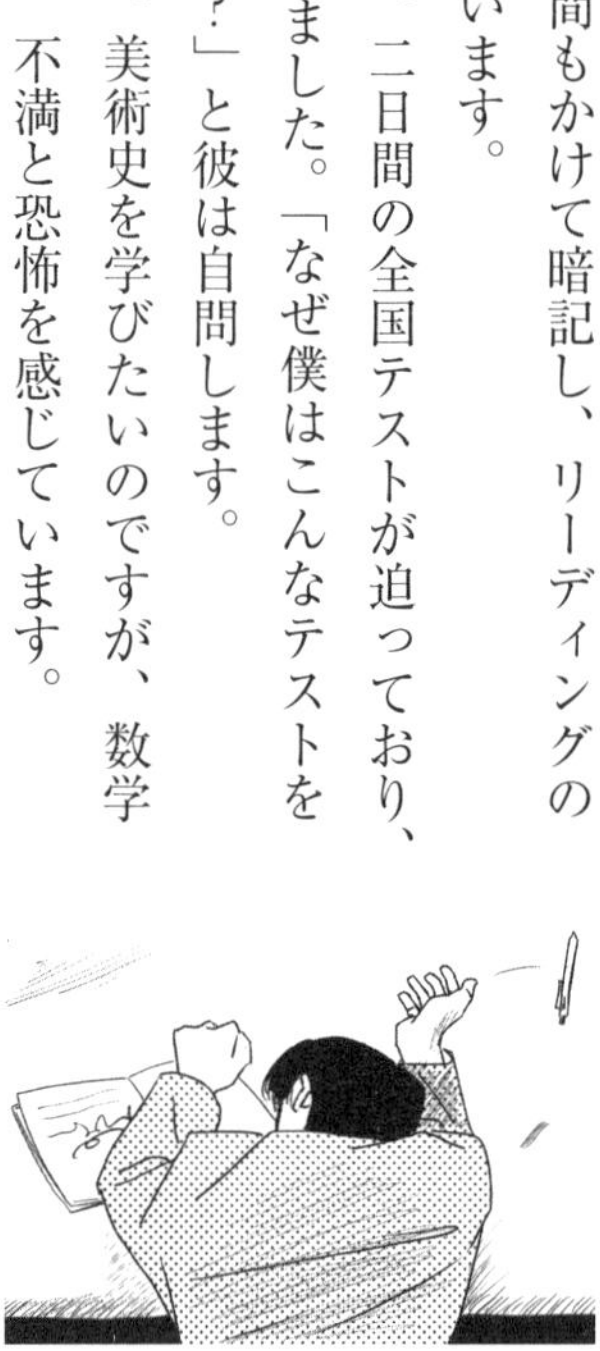

学ぶのは、テストに合格するためのスキルなのです。さらに言えば、教師はテストに出る内容に絞って教えるようになります。「テストに合わせた指導」をするのです。

以上は、テストや成績評価に対する数多くの批判の一部ですが、それらが関係に何をもたらすかについても問う必要があります。最も重要なのは、生徒と、教師、親、クラスメートとの関係です。伝統的な評価に基づく関係のプロセスは、果たして学びを活性化し、幸福感を高めることができるでしょうか。まず、評価のシステムは、個々の単位の分離を基本とします。生徒は個人の成績で評価され、一人ひとりが上から順にランク付けされます。生徒間に競争が生まれ、低い点数は恥ずべきもの、高い点数は優越感を正当化するものになります。一方、教師は、裁判官のような役割を果たすため、生徒から恐れられたり、媚びを売られたりします。同時に、生徒が課題をちゃんとやっているか、不正をしていないか、身を入れて勉強しているかを監視する、疎外された立場に追い込まれます。教師もまた評価の対象であり、生徒の全国試験の点数によって評価されることも珍しくありません。教師は不安を抱き、成績の悪い生徒を負担に感じます。関係を悪化させる準備は、十分に整っています。

確かに、学びのプロセスにおいてフィードバックは非常に有用です。「この方法は、あの方法よりうまくいくか」「あっちではなく、こっちに動いてみたらどうか」「こう言ったらわかってもらえるだろうか」。学びとフィードバックは、手を取り合って進みます。だからこそ、欠陥の多い伝統に代わる実行可能な評価方法を見つけることが、喫緊の課題になります。では、関係の視点から、評価にどうアプローチすればよいのでしょうか。特に、生徒の学びや好奇心、取り組み、学習成果の継続的な評価を促進する関係とはどのようなものであるかが重要です。関係のプロセスそれ自体の可能性を豊かにすることはできるでしょうか。では、**関係に基づく評価**★のプロセスに目を向けてみましょう。

世界中の先進的な教育者によって、評価実践の開発が行われています。その多くは、関係に基づく評価と方向性を同じくするものです。最も広く活用されている三つの実践を、以下に挙げます。

ポートフォリオ　低学年の子どもにテストをして成績をつけることは、常に議論の的になってきました。最近では、こうした評価をポートフォリオに置き換える学校も増えています。生徒は、学期中に資料を集め、学期末に教師に提出します。ポートフォリオには、完成した課題、ノート、絵、日記、プロジェクト、図表、ポスター、コンピュータの作品などが含まれ、その子どもの最も優れた作品もあれば、子ども自身が誇りを感じるものや、自分の知識やスキルの証明になるような作品もあります。学期末には、生徒一人ひとりが、ポートフォリオの内容について教師と話し合います。保護者が参加する場合もあります。教師は、楽しかったことや興味

関係に基づく評価 (relational evaluation)
関係を核とし、学びと学びが埋め込まれている関係を豊かにするような評価の考え方です。『何のためのテスト？』を参照してください。

深かったことについての質問から、子どもとの対話を始めるかもしれません。また、子どもが自分の学びの成果をどのように表現すればよいと考えているか、一緒に探ることもできます。

ポートフォリオは、テストと評定に比べ、多くの利点があります。まず、テストへの不安がなくなり、興味が広がるきっかけにもなります。また、生徒は自らの学びについて、何を学ぶことが大事か、またそれはなぜかを、振り返って考えるようになります。特に重要なのは、子どもと教師の関係が疎外から協同へと変化するという点です。子どもと教師は、学びのパートナーになるのです。このような利点により、ポートフォリオの実践は、中等教育やその後の教育にも広がり、発展することになりました。

ラーニングレビュー　英国の中等教育機関では、成績評価に代わりラーニングレビューが用いられることが増えています。ラーニングレビューでは、生徒は、一学期間（それ以上の場合もあります）の学習活動を記録するように促されます。授業中に限らず、自分の興味があることや目標、成果をノートに書いたり、課題やさまざまな障害をどのように乗り越えたかを記録したりします。生徒は定期的に教師と面談し、ラーニングレビューについて話し合います。他の生徒や保護者にレビューを見せて議論することもできます。数字による成績評価はなく、他の生徒と比較されて疎外感を抱くこともありません。

ラーニングレビューは、生徒が自らの学びを継続的に振り返るという点で非常に有益です。それは、生徒が自身の学びの研究者になることを意味し、各自の経験や課題について他者と比較したり議論したりすることにつながります。ラーニングレビューは、生徒と教師および保護者との関係を変化させるため、生成的な関係はいっそう強いものになります。評価は独断ではなく、チームワークになるのです。

協働型評価

現在、特に大学レベルでは、協働型評価という先進的な実践が盛んに行われています。協働型評価では、学生は互いの成果物に対してフィードバックを行います。たとえば、ある学生のエッセイやプロジェクトを、無作為に選ばれた二人のクラスメートが見て、長所とさらに改善できると感じた点について話し合います。学生は、良い作品とは何かという視点の幅が広がるとともに、サポートしてもらっているという実感が得られます。評価する側も、テーマについて学びながら、良い作品の基準について考えを深めていくことができます。

これらの実践はいずれも、学びへの関心と意欲を高めるフィードバックを提供できる人間関係の上に成り立っています。また、こうしたプロセスは、若者が関係の流れに積極的に参加する準備にもなります。最後に、テストと成績評価に代わるこれらの方法は、教授法とカリキュラムのどちらにも大きな影響を与えるということを強調しておきたいと思います。テストと成績の支配力を取り除くことで、授業も自由になります。たとえば、授業内容を生徒の「頭に刻み込む」ための講義やパワーポイントはもう必要ありません。対話やチームプロジェクト、プロジェクト型学習を、存分に実施することができます。全員が同じ時間に同じことを学ぶ、標準化されたカリキュラムに振り回されることもありません。ニーズ、機会、場所や時間の制限に柔軟に対応したカリキュラムが可能になるのです。

教室からコミュニティへ、世界へ

若者が協調的な行為の流れに積極的に参加できるようにするためには、学校の外に、身近な地域コミュニティだけでなく、広い地域、国、そして世界に、目を向けなければなりません。教育は最終的に「コミュニバース」★——コミュニティ、さらには世界——へとつながっているのです。身近な地域のレベルで言えば、学校のこのような動きはプロジェクト型学習の活用にあらわれています。生徒は、学校への交通手段の改善、リサイクルの促進、エネルギーコストの削減などのプロジェクトに取り組み、学校は、地域の人々の才能や資源を活用することができます。典型的なプログラムとして、年長者の知恵を教室で活用する世代間学習があります。都心部の小学校で行われている印象的な事例では、年長者が招かれて一対一で読み聞かせを行い、物語を共有しながら子どもとの関係を築いていきます[20]。子どもたちの大半は貧しい地域に住んでおり、誰かが自分のために時間を割いて話に耳を傾け、会

コミュニバース(communiverse)
コミュニティまたはコミュニケーションとユニバースを組み合わせたガーゲンの造語です。私たちはコミュニケーションの流れに浸っており、コミュニティはその集積から形づくられます。コミュニケーションの流れは世界へとつながっています。

話の相手をし、メンターとして助言してくれることは、彼らにとって大きな意味を持っています。年長者も、一人暮らしで有意義な活動をしたいと思っている人が多く、どちらにも学びと互いへの感謝が生まれるのです。このプログラムは非常に有益であることが示されており、年長者ボランティアは、一年間で四千時間以上を生徒と過ごしています。

企業との関係も、学校の壁の外へと学びのコミュニティを拡大します。学校と積極的に関係を築きたいと考えている地元企業は少なくありません。南アフリカで多くの学校長が直面する経済的・文化的な問題から生まれた「可能性のパートナー（Partners of Possibility）」プログラムという印象深い事例があります[21]。これは、スクールリーダー（校長等）と、学校の力になりたいと考えるビジネスリーダーを結びつけ、ビジネスリーダーの複雑な組織運営の経験を活かしてスクールリーダーのスキルと洞察力を向上させようとするものです。二人のリーダーは、協力して問題を発見し、解決を試みます。五年間で、三百を超える組織の四百人以上のビジネスリーダーが、スクールリーダーとパートナーシップを組みました。スクールリーダーは、保護者の学校への関心が高まり、学校と地域の間に協力関係ができたと報告しています。学校と地域の双方が活性化され、より深い関わりが生まれたのです。

地域貢献の範囲を広げて、国を挙げて子どもの教育プログラムを創造したケースを考えてみましょう。南米のスリナムは、一九七〇年代にオランダから独立しました。教育プログラムが具体化するにつれ、海外の教育システムを押し付けることは、地域のニーズや伝統の無視につながるということが見えてきました。初等教育の問題をトップダウンで決定するのではなく、国民が話し合いに参加するとどうなるでしょうか。こうして、アプリシエイティブ・アプローチを参考にした大規模なインタビューがスタートしました。[22] 教師やスクールリーダーだけでなく、学校調査官、組織のトップ、政府関係者、生徒、保護者、漁師、露天商、農家など、さまざまな人が対象となりました。全国から何百人もの人々が参加し、子どもたちの育ちに関して、活かせる強みや希望、思い、熱意などを前向きに話し合ったのです。このような議論を経て編まれたのが、『あなたを信じている（I Believe in You!）』というわかりやすい本です。この本は全国的に読まれ、さらに議論が重ねられ、ついには小学校制度を創設するための礎となりました。

学校と世界（本当は学校もその一部です）を隔てる壁をいかに取り払うかについては、まだまだ伝えたいことがたくさんあります。特にインターネットは、子どもたちが教室で、世界中の人々の関係について学ぶための入り口となっています。教育がグローバルな共創の流れに参加することを意味する、そんな未来に向かって、私たちは動き出しているのです。

●さらに学びたい方へ

Alexander, R. J. (2006) *Towards Dialogic Teaching: Rethinking Classroom Talk.* Cambridge: Dialogos.

Boss, S., & Krauss, J. (2018) *Reinventing Project-based Learning: Your Field Guide to Real World Projects in the Digital Age*. 3rd International Society for Technology in Education.

Dole, D., Godwin, L., & Moehle, M. (Eds.) (2014) *Exceeding Expectations: An Anthology of Appreciative Inquiry Stories in Education*. Chagrin Falls, OH: Taos Institute Publications.

Dragonas, T., Gergen, K. J., McNamee, S., & Tseliou, E. (Eds.) (2015). *Education as Social Construction: Contributions to Theory, Research, and Practice*. Taos Institute: WorldShare Books.

Gergen, K. J., & Gill, S. (2020) *Beyond the Tyranny of Testing: Relational Evaluation in Education*. Oxford: Oxford University Press.（東村知子・鮫島輝美訳　二〇二三『何のためのテスト？―評価で変わる学校と学び』ナカニシヤ出版）

Hmelo-Silver, C. E., Chinn, C. A., Chan, C., & O'Donnell, A. M. (Eds.) (2016) *The International Handbook of Collaborative Learning*. New York: Routledge.

Lewis, R. E. (2020) Lifescaping: Cultivating flourishing school cultures. In S. McNamee, M. M. Gergen, C. Camargo-Borges, & E. F. Rasera (Eds.) *The Sage Handbook of Social Constructionist Practice* (pp. 321–331). London: Sage.

Lund, G. E. (2020). Creating school harmony. In S. McNamee, M. M. Gergen, C. Camargo-Borges, & E. F. Rasera (Eds.) *The Sage Handbook of Social Constructionist Practice* (pp. 332-342). London: Sage.

Mercer, N., Wegerif, R., & Major, L. (Eds.) (2020) *International Handbook on Dialogic Education*. London: Routledge.

Udvari-solner, A., & Kluth, P. M. (2017) *Joyful Learning: Active and Collaborative Strategies for Inclusive Classrooms*. 2nd ed. New York: Corwin.

Wagner, T. (2012) *Creating Innovators: The Making of Young People Who Will Change the World*. New York: Scribner.（藤原朝子訳　二〇一四『未来のイノベーターはどう育つのか――子供の可能性を伸ばすもの・つぶすもの』英治出版）

注

16 Dewey, J. (1897) My pedagogic creed. *School Journal*, 54: 77-80.

17 Maeland, I. (2020) Creating new futures through collaboration: Dropouts no more. In McNamee et al. (Eds.) *The Sage Handbook of Social Constructionist Practice*. London: Sage Publications.

18 Dole, D., Godwin, L., & Moehle, M. (Eds.) (2014) *Exceeding Expectations: An Anthology of Appreciative Inquiry Stories in Education*. Chagrin Falls, OH: Taos Institute Publications.

19 Wade, J. (2014) Kindness units us: Junior high students appreciating their mentors. In Dole et al. 前掲書

20 Bodiford, K., & Whitehouse, P. (2020). Intergenerative community building: Intergenerational relationships for co creating flourishing futures. In S. McNamee et al. (Eds.) *The Sage*

Handbook of Social Constructionist Practice. London: Sage.

21 Van Rhyn, L. (2016) Vision 2030: How a South African provocative proposition is igniting active citizenship and Collaboration. *AI Practitioner*. August issue.

22 Schoenmakers, L. (2014) *Happily Different*. Taos Institute: Worldshare Books.

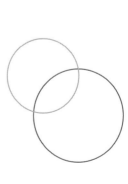

第4章

ヘルスケア——因果から協働へ

Healthcare: From Causality to Collaboration

あなたを決めつけたり、束縛したりしたくない
私が本当にしたいのは、あなたと友達になること

——ボブ・ディラン

ヘルスケア★（心身の医療および健康管理）の専門職は、現代社会に欠くことのできない存在となっています。医療・健康関連の支出は加速度的に増加し、国の経済において主要な位置を占めるようになりました。ケアという営みは、多くの場合、他者の苦しみやニーズ、失望、痛みに結びついています。これは、日常生活においても、専門的な実践においても同様です。本章では、ヘルスケアの専門分野における関係のプロセスに焦点を当てます。でもなぜ、その必要があるのでしょうか。ケアという行為の本質は確かに関係的なものですが、なぜ特別に注意を払わなければならないのでしょうか。専門職は、ただ自分の仕事をこなしているだけではないのでしょうか。その通りです。しかし、このような疑問こそ、私たちの関心の対象なのです。

ヘルスケア分野における関係のプロセスでは、分離が前提であり、ケアする人とケアを受ける人はそれぞれ境界を持つ独立した存在とみなされています。さらに、この関係は**原因と結果**から構成されています。セラピストや医師は、欠陥のある個人の状態を改善させるために働きかけます。前者が後者を**治療する**、あるいは後者の障害や病気と**闘う**のです。一方の仕事はもっぱら他方を「なおす（直す／治す）」ことであり、関係は基本的に道具的なものになります。治療の専門家として認定を受けた行為主体（セラピストや医師）が、機械のように標準化された手順に従って、障害や病気の治療に専念し、エビデンスに基づいた診断に従うのです。

ヘルスケア
直訳すれば「健康管理」ですが、本章では、心身の医療とケア、セラピーを総称してヘルスケアという言葉を使用しています。

このようなあり方には、確かに利点もたくさんあります。特に医療分野においてはそうかもしれません。しかし、原因と結果という関係の中に置かれるとき、人々は何者としてそこに参加することになるのでしょうか。そのような状況は、とうてい心地よいものではありえません。患者は、モノのような扱いを受け、話を聞いてもらえず、尊重されず、判断するための十分な情報が与えられていないと感じていることが、幅広い研究から明らかになっています。関係が疎外的であるため、アメリカでは、患者が医師を相手に医療過誤の訴訟を起こすケースも珍しくありません。高騰する医療過誤保険料に加え、医療従事者は、精神的・肉体的疲労による**バーンアウト（燃え尽き症候群）**も訴えています。セラピーにおいても、クライエントは、自分の抱える問題とほとんど関係のない手続きで処理され、きちんと理解してもらうことなく、ただ薬を処方されていると感じています。幸福と健康という目的が達成されていないのです。

このような不満が、ヘルスケアの専門職のイノベーション精神に火をつけたことは、驚くにはあたりません。重要なのは、こうしたイノベーションの多くが、原因と結果という機械論的な見方を手放し、ヘルスケアを関係のプロセスとして捉えて実践に応用しようとしている点です。本章では、セラピーおよび医療における革新的な試みを紹介します。語るべきことはたくさんありますが、ここでは、これらの実践がどのような違いをもたらすかに焦点を当て、現実の変革、人間関係の変容、ケアネットワークの拡大の三点について論じることにしましょう。

健康と病気の現実を変える

私たちは関係のプロセスの中で、何が存在するのか、私たちは何者なのか、何に価値があるのかなど、世界についての理解を作り出しています。このように考えれば、問題は、それを問題として定義する人々から独立に存在するのではないということになります。三階の窓から落ちることは、多くの人にとっては重大な問題ですが、それが問題の解決方法になると考える人もいます。落ち着きのない生徒は、先生が退屈だと感じているのかもしれませんが、精神科医から見れば、その生徒がＡＤＨＤ（注意欠如・多動症）という障害児になるのです。このような現実は、同僚や友人、家族、メディア等との関係の中で形成されます。セラピストや医療従事者は、世界についての理解の仕方が変われば、苦しみが軽減する可能性があることに気づきはじめています。もし、新たな理解をともに作り出すことができれば、人生はもっとよい方向に変わるかもしれません。

セラピーが世界のありようを決める

精神科の治療は、一九〇〇年代初頭に始まって以来、ずっと医学モデルに基づいて行われてきました。人々の生活上の問題は**心**の病気として定義され、身体疾患と同じように分類されます。現在、欧米における精神疾患の種類は四百近くにのぼり、うつ病、統合失調症、双極性障害、不安障害など、一般によく知られているものもたくさんあります。問題が「病気」として定義されることで、「治療」の提供がセラピストの仕事になります。精神科医が「化学的治療」を行うのに対して、心理療法家は「語りによる治療」を提供するのです。このような医学的モデルの適用については、多くの人が批判しています。しかし、私たちの目的にとって重要なのは、人々の問題がどのようにして「病気」や「障害」として定義されているかを批判することです。助けを求める人たちは、セラピストから「自分は心の病気なのだ」と教えられます。このような理解の仕方が人々の日常生活で役に立つかどうかは、大いに疑問です。多くの批判があるように、日常生活の問題が病気として再構成されると、人々は、自分には個人的な欠陥があり、社会的にも劣っていて、他者の援助を必要としていると考えるようになります。これらはすべて、他者との関係に影響を及ぼすのです[23]。

セラピストが薬による「治療」に依存することも、ますます問題になっています。医学モデルに従えば、生物学的な手段で「病気を治す」のは当たり前です。結果として、製薬業界は活況を呈し、何十億ドルもの薬の売り上げは医療費を押し上げています。たとえば、活発な子どもたちは、二〇〇〇年に精神科医が彼ら用の診断基準を作るまで、自分が「精神疾患に苦しんでいる」とは知りませんでした。現在アメリカでは、十人に一人以上の児童・生徒がADHDと診断され、親たちは「一生治らないかもしれない」と知らされるのです。アメリカでADHDにかかる国民医療費は、二百億ドルを超えています。[24]

こうした背景から、新たな治療を求める運動が生まれました。もし「精神疾患」が、私たちが問題だと考える人々に対する一つの定義の仕方にすぎないなら、別の理解を生み出すことも可能です。セラピーを、希望に満ちた新たな現実を創造する関係のプロセスとして捉えてみるとどうなるでしょうか。おそらく、この考えに触発された重要な運動が、**ナラティヴ・セラピー**★です。[25] ナラティヴ・セラピーでは、人は物語を通して自分自身を理解していると考えます。私たちは人生のさまざまな物語を携えた変幻自在的存在★であり、その物語が、私たちの自己理解や他者との関係の根幹をなしています。中でもよくあるのは、「どうやって試合に勝ったか」「なぜ希望する仕事に就けなかったか」のような成功と失敗の物語です。この観点からみれば、私たちが「問題」と呼ぶものは、ある特定の物語の中で問題になっているだけなのです。たとえば、あるクライエントが、「前はうまくいっていたのですが、離婚し、仕事でも評価が下がっています。とても惨めな気持ちで、もう生きていたくありません」と話したとしましょう。

セラピストの視点から見ると、それは自己物語の語り方の一つにすぎないのです

ナラティヴ・セラピー
従来の心理療法が「問題」の原因を探り、その解決を目指すのに対し、なぜ問題が問題として存在するのかに焦点を当てるアプローチです。家族療法家のマイケル・ホワイトとデイヴィッド・エプストンによってまとめられました。

変幻自在的存在
三五頁の解説を参照してください。

が、自殺したいとさえ思わせるほどの力を持っています。クライエント自身に問題があるのではなく、**自分に問題があるという物語をクライエントが受け入れてしまっていること**が問題なのです。この場合、セラピーは基本的に、クライエントがもっと前向きに生きられるように自らを**語り直す**会話になります。たとえば、この「失敗」の物語を、「自分探しの貴重な道程」や「回復力（レジリエンス）がある証拠」という物語に置き換えるとどうなるでしょうか。治療的な会話は、まさにそうした可能性を根付かせ、日常生活の中で実現させることができるかもしれません。

セラピストがクライエントと協力して、より希望の持てる現実を生み出していく方法は、他にもたくさんあります。セラピーの会話の焦点をずらすことは、有力な考え方の一つです。ほとんどの人は問題を抱えてセラピーに来るため、そこでの会話は、たいてい問題の本質や原因に焦点を合わせたものになります。ところが、人々が問題だと思っていることについて話すと、問題はいっそう大きくなり、より詳細かつ具体的で、説得力のあるものになってしまうのです。苦しみの原因を過去に探ることで、自分が抱える病気の深さと広がりを発見する長い旅が始まるかもしれません。自分が精神的に病んでいると思いながら生活していると、最初にセラピストに報告した問題よりもさらに深刻なストレスを抱えてしまう場合もあります。セラピーの方向性を「問題の話」から「解決策の話」へと転換することで、大きく前進できるのです。[26] クライエントは、自分の人生をどのように生きたいのか。望ましい未来とはどのようなものなのか。どうすればそこにたどり着けるのか。その目標に向かって進むためには、どんな手段があるのか。誰がサポートしてくれるのか。「こんなことができるかもしれない」という未来の展望について話すようになれば、楽観的な気持ちとともに新しいアイデアが生まれてくるでしょう。

同様に、多くのセラピストは、クライエントの苦しみ、失敗、欠点ではなく、強みに焦点を当てて会話をすることが有用であると考えています。前章で述べた、強みを生かす授業の話を思い出してください。強みに焦点を当てることで、クライエントに自信が生まれ、熱意が育まれ、将来に対して積極的な姿勢が持てるようになります。このようなセラピーでは急速な変化が見られると、多くの人が称賛しています。従来のように過去の暗い記憶を掘り起こす必要がなく、治療が短時間で済むからです。

現実を変えることにポジティブな可能性を見出しているのは、革新的なセラピストだけではありません。社会には、一般に「精神病」や「障害」というレッテルを貼られている人々が大勢いますが、彼らもまた、これらのレッテルは社会的に構成されたものであり、限定的かつ有害で疎外的だと次第に気づきはじめています。人々が団結し、対抗する構成の仕方を生み出せば、人生や社会全体を変えることができるかもしれません。現実を変える上で重要な一つの教訓が、一九五〇年代のアメリカにあります。当時のアメリカでは、同性愛は精神疾患や犯罪として扱われていました。しかし、ゲイ・コミュニティ、法律家、精神医療の専門家が協力して取り組んだ結果、同性愛は、精神病のリストからも刑法からも削除されたのです。抑圧されてきた少数派の解放は、一般的なレッテル貼りによって周縁に追いやられてきた幅広い層の人々へのメッセージになりました。

有害なレッテル貼りに抵抗する草の根運動の素晴らしい例の一つが、**ヒアリング・ヴォイシズ運動**（www.hearing-voices.org）です。自分に語りかける声（破壊的に行動するように呼びかけることもあります）を経験する人々は、従来、統合失調症というレッテルを貼られてきました。しかし、「声が聞こえることをなぜ病気と呼ぶのか」と疑問に思う人たちが増えてきたのです。声が聞こえること、それ自体は異常ではないと彼らは指摘します。ソクラテスやウィリアム・ブレイク、ガンジー、フロイトなど、多くの有名人も、そのような声とうまく付き合ってきました。国際的なヒアリング・ヴォイシズ運動では、人々が集団の会話に参加して互いの経験を話し、自分の声との関わり方の工夫を共有することができます。また、視覚障害や聴覚障害、肢体不自由、麻痺のある人など、「障害者」と呼ばれるマイノリティの運動も注目に値します。彼らは外部の人間によって研究され、彼らの生活に影響を与える公共政策も自分たちの手の届かないところで決められています。しかし、抵抗が少しずつ積み重ねられ、「私たちのことを私たち抜きで決めないで」★という スローガンのもと、広範な政治運動が展開されてきました。人々が協力して運動を

「私たちのことを私たち抜きで決めないで」（Nothing About Us Without Us）
障害者の権利に関する条約（二〇〇六年に国連採択）の策定に参画した、障害のある当事者の間で、合い言葉として使用されました。

行うことで、自分たちの福祉に影響を与える意思決定に対して、代表権を求める声が強くなったのです。神経多様性（ニューロダイバーシティ★）が種としての強みになることは、今や多くの人が提唱するところとなっています。

医療における意味

意味（意味づけ・意味生成 meaning making）への関心は、医学分野にもかなり浸透しています。医療従事者は、もっぱら患者の身体の状態に焦点を当てるように訓練されてきました。診断と治療に集中するため、患者の意味世界に注意が向けられることはほとんどありません。つまり重要なのは、医学的な問題は、患者や患者の大切な人たちにとっては単なる医学的な問題ではないということです。医師と患者は異なる現実を生きているのです。医師が心臓弁の問題を見ている一方で、患者は手術に怯え、傷跡が一生残るのではないか、出世の機会を逃すのではないか、身体の自由がきかなくなるのではないか、男らしさが失われるのではないかなど、さまざまな不安を抱えて生きているかもしれません。

医学分野でも、病気とは、治癒とは、健康とは何かという論争がずっと繰り広げられてきました。今日のグローバル社会では、西洋と非西洋の考え方、さらに地域の伝統的な理解との違いが議論の中心となっています。また、意味生成のプロセスが、身体の健康とさまざまなかたちで結びついていることも次第に明らかになって

ニューロダイバーシティ
Neuro（脳・神経）とDiversity（多様性）という二つの言葉が組み合わされたもので、「脳や神経、それに由来する個人レベルでのさまざまな特性の違いを多様性と捉えて互いに尊重し、その違いを社会の中で活かしていこう」という考え方を指します。特に、自閉スペクトラム症、注意欠如・多動症、学習障害（限局性学習症）といった発達障害において生じる現象を、能力の欠如や優劣ではなく、「人間のゲノムの自然で正常な変異」として捉えようとする概念です（参照：経済産業省 https://www.meti.go.jp/policy/economy/jinzai/diversity/neurodiversity/neurodiversity.html）。

います。たとえば、将来を悲観的に捉えて老後を迎える人は、長生きする可能性が高いという研究結果があります[27]。日常的に怒ってばかりいると、寿命が短くなってしまうのです。これらの研究は、医学モデルが、医療の実践それ自体にとって不適切である可能性を示唆しています。

近年、興味深い展開を見せているのが、ナラティヴ・メディスン★（narrative medicine 物語医療学）です。リタ・シャロンが提唱するこの運動[28]では、医療従事者が患者の話に耳を傾けることを最も重視します。患者の視点を深く理解することで、医師や看護師はよりよいケアができるようになるのです。患者とケアの担い手がオープンかつ対等に対話を行い、考え方を共有できれば、患者に対するケアは改善されます。ある医学生は、「話をよく聞き、思いやりのあるよい医師になれるだけでなく、自分という人間をもっと理解できるようになります」と述べています。一般的に、ナラティヴ・アプローチは「どうすればこの病気を治療できるか」から、「どうすれば私の患者を助けられるか」というより包括的な問いに、医療従事者の目を向けさせます。医療が機械化しているという批判が以前からありますが、このような方向は、患者と医師の相互的な信頼関係の構築につながると考えられています。最近では、ナラティヴ・メディスンの教育を行う医学部も増えています。

ナラティヴ・メディスン
リタ・シャロンは、「病いの物語を認識し、読み取り、解釈し、それに心を動かされて行動するために必要な物語能力（narrative competence）を通して実践される医療」と定義しています。

人間関係を変える

ここまで、関係のプロセスには、私たちの現実をよりよい方向に変化させる力があると述べてきました。関係論から見て同様に興味深いのは、関係のあり方そのものを変えることが健康につながるという可能性です。心身のケアのニーズに最も適した関係のプロセスとは、どのようなものでしょうか。すでに指摘したように、従来の因果的な説明では、「私たち専門家が、欠陥のあるあなたを治療する」という、機械的あるいは非人間的な関係に陥りやすくなります。また、専門職が権力を握るというヒエラルキーも確立されます。専門職は自立し、有能で、欠点のない「知る者」であり、治療を受ける人は無知で、依存的で、能力がない者として位置づけられます。そのため、両者の関わりのシナリオは非常に限定され、疎外的なものになることも少なくありません。一方、セラピーと医療の専門職の間では大きな変化が起きています。協同の持つはかり知れない力に気づき、専門職と患者のヒエラルキーをなくし、距離を縮めているのです。

セラピー――権威から共同の探究へ

セラピー（心理療法）にはさまざまな流派があり、それぞれが人間の機能についての異なる仮定に基づいて、独自の治療法を提供しています。そのような治療法が、支援を求める人々に対して適用されるのです。ここでも因果関係が前提となっており、セラピストは望ましい変化を引き起こそうとします。一方、このようにあらかじめデザインされたプランは、無機的で、コンピュータのプログラムのようだと感じられるかもしれません。セラピストはあたかも、その人の問題の原因が子ども時代にあること、自己評価が低いこと、認知の癖などを「すでに知っている」かのようです。このような機械的な流れに対抗するものとして、「**無知**（not knowing いまだ知らない）」という治療的姿勢[29]が議論の中心になってきました。セラピストは、クライエントの人生の専門家ではありません。クライエントの方が、自分が直面していること、置かれている状況の複雑さ、うまくいったことやいかなかったことについて、はるかに多くのことを知っているのです。無知の姿勢によって、セラピストは学ぶ者になり、クライエントの言葉に好奇心を持って耳を傾け、クライエントの理解の仕方を尊重するようになります。こうして、対話と探究が生まれるのです。セラピストとクライエントは、クライエントの新しい未来に向かって互いに協力し、権威は協働に取って代わられます。

　協同的な実践は、さまざまな形態をとります。特定のフォーマットや治療プログラムに従うのではなく、寛大なホストとしてクライエントを温かく迎え入れ、興味と好奇心を持って関わるという、セラピストの一般的な態度が最も重要になります。協同的な姿勢は、セラピストが文化的マイノリティの問題を扱ったり、複数の問題が同時に発生し、ストレスを抱えている家族の支援という難しい舵取りを迫られたりする際に、特に有用です。[30]このような困難な状況でも、相手を尊重しながら、注意深く建設的に耳を傾けることで、柔軟に対応することができます。**複数の家族が参加するセラピー**[31]（multi-family therapy）も、このような協働の動きに合致しています。たとえば、十代の息子や娘が薬物乱用や自傷行為に苦しんでいれば、多くの家族は動揺するでしょう。しかし、そのような家族が集まることで、知恵や気づき、対処法が共有されます。家族は時にユーモアも交えながら、互いに支え合います。興味深いことに、以前は個人の状態を改善するものと考えられていた瞑想やマインドフルネスの実践も、現在ではその関係的な可能性に注目が集まっています。[32]

序列的な関係から協同的な関係への転換は、興味深いことに、精神診断学にも引き継がれています。ここで、診断によって日常生活における問題が精神疾患に変換されることへの批判を思い出してください。そのような診断分類を全面的に保留すれば、精神医学的な視点も排除されることになります。解釈の幅を広げれば、より大きな可能性が得られるかもしれないのに、なぜ他の理解の伝統を封印する必要があるのでしょうか。フィンランドのヤーコ・セイックラたちは、このような問題意識から、精神科診断学に代わるまったく新しいアプローチとして、**オープンダイアローグ**[33]★を始めました。「精神病」様の症状を示す人がいると、チームが作られます。チームには、セラピストの他にソーシャルワーカー、家族、親しい友人、教師が加

オープンダイアローグ
フィンランドのケロプダス病院で始まった統合失調症の新しい治療的アプローチです。入院期間の短縮や再発率の低さなどの有効性が明らかになっており、フィンランドでは公的な医療サービスに組み込まれています。

わり、さらに問題を抱えた本人が参加することもあります。専門職だけで会議が行われることはなく、アイデアや計画はすべて、全員に共有されます。対話の時間や頻度にも制限はありません。あらゆる視点が受け入れられ、さまざまなアイデアが実行に移され、創造的な行動指針が生まれることもあります。このような対話は、問題を抱えた人の不安を軽減し、進め方に対する信頼を高め、チームの提案に従おうとする意欲につながることが、研究によって示されています。入院は激減し、薬物治療を受ける人も少なくなります。自らの幸福のためにチームに参加し、協力しながら創造的に取り組むことで、目覚ましい改善がもたらされるのです。

協同的な医療に向けて

協同的なプロセスを取り入れることで、医療のあり方も変わりつつあります。他の多くの大規模施設と同様に、病院もまた機械のイメージに基づいて組織化されています。機械の部品のように、専門職集団にはそれぞれ割り当てられた仕事があります。各パーツがうまく仕事をこなすことで、機械は効率的に機能するのです。したがって、医師は、循環器科、腫瘍科、小児科などのスペシャリストとして養成されます。また、看護師や事務員、その他の職種は、医師に従って動くというヒエラルキーもあります。その一方で、異なるグループ間の連携はほとんど見られないということが、次第に明らかになってきました。情報が専門家から別の専門家に形式的に伝達されたり、階層の間を行き来したりすることはあります。しかし、「相手の立場に立って理解する」ことはほとんどなく、患者の全人的なありように注意が向けられることもありません。たとえば、一人の患者が四日間の入院生活の中で関わる職員は五〇人にのぼり、それぞれ職務が異なります。近所に住む高齢の女性は、専門医ごとに薬を処方され、一日に一九錠もの薬を飲むことになってしまったと話していました。重要なのは、こうした機械的な関係によって、患者が危険にさらされているということです。調査によれば、「医療ミス」はアメリカにおける死因のトップ10に入っており、エイズや乳がん、事故よりも上位になっています。[34] さらに、医療ミスの原因の第一位は、コミュニケーション不足、誤解、曖昧さなど、専門職同士の連携の問題です。そのために、患者の健康が脅かされているのです。

　このような状況を受けて、専門職の間に協同的な関係を築くための多様な試みが行われています。各自が能力を最大限に発揮して自分の仕事をするのではなく、みんなが**チーム**の一員になり、チームとしてよい結果を出そうと努力するのです。チームのメンバーは、できる限り顔を合わせます。声の調子やジェスチャー、会話のやりとりによって、形式的な報告書よりもはるかに多くのことが伝えられるからです。実は、チーム内の連携は、専門職にとって「自然な」活動ではありません。専門的なことは学んでいても、相手の意見を尊重し、一つにまとめ、その場でともに作り上げていくという生成的なコミュニケーションの訓練はほとんど受けていな

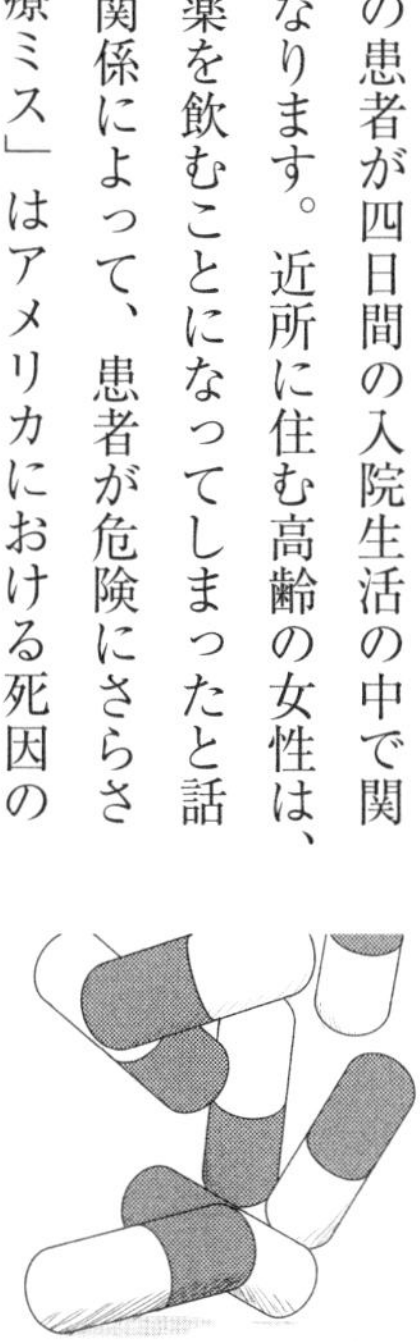

いのです[35]。専門職の中には、高圧的な人や内気な人もいるかもしれません。前章で述べたことを思い出してください。伝統的な教育は、関係に参加するための準備としては不十分ですが、連携がうまくいけば見事な協働の成果が得られます。医療ミスが減るだけでなく、より効果的な治療、安全性の向上、患者と家族の満足につながり、スタッフの士気も上がるでしょう。

協同的ケアでは、主に、ヘルスケアシステム内部の専門職間の関係に焦点が当てられてきました。では、患者や家族についてはどうでしょうか。ナラティヴ・メディスンの例で見たように、患者とその家族は、自らのケアについて重要な示唆を与えてくれる可能性があります。特にデジタル化時代では、患者が自分の体調について、医師よりも詳しく把握しているということも考えられます。それだけではありません。身体の病気を治療する上で最も難しい問題は、処方された薬を飲まない、決められた食事内容を無視する、飲酒や喫煙を続ける、検診に来ないなど、患者の協力が得られないことです。このような失敗は、「医者が患者を治す」という因果的な関係によってもたらされています。関係のプロセスへの感受性を高めることで、新しい可能性が見えてくるでしょう。患者や家族を、**ヘルスケアチーム**に加えてみてはどうでしょうか。たとえば、ある協同的ケアの取り組みでは、医師が患者とその家族、医療スタッフとチームを組み、「ケアの共創」に取り組みます[36]。そこで強調されるのは、一人ひとりが、チームの他のメンバー全員の希望、ニーズ、目的に対して何らかの応答をするということです。このアプローチの発案者は、「私たちの患者は、私たちにとって単なる患者ではありません。彼らのニーズが私たちのニーズになり、私たちのニーズが彼らのニーズになる。このようにして、私たちは互いの一部になるのです。私たちは、人として大切なことを最も重視しています」と書いています。ある患者は、妹が結婚することになり、立ち会うことを何よりも望んでいたため、医療スタッフは「私たちが患者を連れて行った」と報告しています。

ヘルスケアの輪を広げる

これまで見てきたように、関係のプロセスに敏感になることで、医療従事者の間で広範なイノベーションが創発されてきました。ただし、焦点となる関係のプロセスは、カウンセリンググルームや病院など医療現場の**内部**に限られていました。しかし、イノベーションをもたらす論理は、従来の環境に限定されるものではありません。人間の幸福は本質的に関係から生まれるものであり、参加の輪を広げる可能性は、会話と同じくらい身近にあるのです。聴くこと、共有すること、支援すること、協力することは、どこで行われたとしても、私たちを力づけてくれます。そのような関係のプロセスを、ローカルからグローバルまでさまざまな領域で発動させることが課題になるのです。

まず、治療面での可能性について考えてみましょう。精神疾患や障害者というレッテルを貼られた人々のウェルビーイングの向上を目指す草の根運動は、これまでにも行われてきました。アルコホーリクス・アノニマス（Alcoholics Anonymous 通称AA）や、その他の依存症から脱するための一二ステッププログラムなど、コミュニティにおける活動も増えてきています。いずれの活動も、その効果をもたらしているのは、依存症に苦しむ当事者同士の相互扶助的な関係です。いわゆる「障害者」についても、多くの前向きな企業が創造的な発想をするようになりました。障害が障害になるのは、ある特定の状況においてです。状況が変われば、それは価値あることになるかもしれません。暗闇では、視覚障害者が、視覚に依存する「障害者」の道案内をするでしょう。企業は、視覚障害者や自閉スペクトラム症者、その他の神経多様性を持つ人々によるユニークな貢献を評価する方法を探っています。

より広範なコミュニティも、同じように健康の増進に貢献することができるでしょうか。地域社会はどのようにして、相互的なサポートを提供するのでしょうか。ブラジルでは、一つの刺激的な試みが始まっています。マリリーン・グランデッソと共同研究者は、**統合的コミュニティセラピー**★の開発に取り組んできました[37]。通常はクリニックで扱うような問題に、地域の資源を活用して対処しようとする試みです。地域社会にはこれまで蓄えられてきた知恵、経験、見識が豊富にあり、このような資源を共有することで、人々は互いから学び合うと同時に、地域自体について

統合的コミュニティセラピー (integrative community therapy)
Visible Hands Collaborativeという団体のホームページに、詳しい説明があります。https://www.visiblehandscollaborative.org/

も学ぶことができます。地域では、アルコール依存や薬物乱用、差別、紛争、家庭内暴力など、特定の問題をテーマとして集会が開かれます。その問題の当事者が詳しく説明し、他の人々はそれを聞いて質問をします。その後に行われるオープンディスカッションでは、地域の人々がアドバイスをしたり、自分の体験談を話したり、異なる視点を提示したりします。このような交流を通して全員が学び、互いに認め合うことができるのです。

もっと難しいと思われる重度の精神障害者、すなわち「精神病患者」というレッテルを貼られた人々についてはどうでしょうか。このような人々は、施設に入れられるか、薬物療法を受けることになるのが一般的で、それが一生続くことさえあります。こうした治療法によって健康を取り戻せる可能性は、ほとんどありません。それらはむしろ、私たちの中の不可解で予測不可能な存在が、快適な社会規範を揺るがすことがないようにする防御装置として機能しているのです。では、もし関係の条件が違っていたらどうでしょうか。共通の規範を侵されないように守るのではなく、規範を柔軟にして、積極的な協調の機会が生まれるようにするのです。スウェーデンのセラピストたちは、まさにこの可能性を探ってきました[38]。精神病院に何年も入院していた重度の精神障害者に、安心して支援が受けられる落ち着いた環境を用意します。農場は、理想的な環境の一つです。農場のホストファミリーは、できる限り彼らを受容し、要求は控えるようにトレーニングを受けます。ホストファミリーは普段通りに生活を営み、「ゲスト」はその中で暮らします。何かを要求されることはありませんが、一緒におしゃべりしたり、食事をしたり、家事を手伝ったり、農場での日々の活動に参加することはいつでも歓迎されます。専門家によるセラピーは週一回行われ、主に生活の様子について話し合います。特別な日には、ホストファミリー、セラピスト、ゲストが集まり、食事会やパーティーをします。ゲストが自己有能感を持てるようになったら、アパートへの入居の手配をし、一人暮らしを始めます。ただし、ゲストとホストファミリーの関係が切れてしまうわけではありません。元ゲストは、休日や特別な休暇にはホストファミリーのもとに帰り、その絆は長く続いていきます。重要なのは、この治療法の回復率の高さです。

医学の世界では、地域の中で協働しようという動きはまだあまり見られませんが、医療関係者は、自分たちの閉じた世界の外の声を受け入れるようになっています。医学教育について考えてみましょう。従来の医学教育は、化学や生物学などの自然科学で発展した知識とその応用を中心に行われてきました。ところが、ナラティヴ・メディスンで見たように、患者の経験が治療にとって貴重なものになることがあります。多様な人々を診る医師を養成する場合にも、同じことが言えます。たとえば、高齢者は人生を通して、病気や医師との関わりを長く経験しています。若い医師が彼らの経験を知ることで、非常に大きな恩恵があるはずです。ハーバード・メディカル・スクールでは、高齢の元患者が「高齢者評議会（Council of Elders）」

に招かれ、困難な症例に直面する研修医に対して助言するという役割を担っています。[39] 高齢者は講師になるだけでなく、複雑なケース対応に役立つ資源を共有するコミュニティづくりにも協力するのです。

医学研究においても、外部の声を取り入れようという動きが見られます。研究者は、自分が研究対象とする病気に罹患した人々の体験に、耳を傾けることの意義に気づきはじめています。たとえば、パーキンソン病に関する研究の調査項目を一緒に考えてくれる患者を募集する研究者もいます。[40] また、ボストンの大学病院では、有色人種の若者一二名の協力を得て、地域の医療とセラピーに関するニーズを把握するという公共性の高い研究が行われました。[41] 十代の若者が、専門家とともにさまざまな問題について検討し、そこでの議論に基づいて、近隣の調査の作成と実施に協力したのです。さらに、調査結果の意味を説明したり、政策や医療提供計画への示唆を検討したりする際にも、戦力になりました。共創の輪は広がっています。

本章で取り上げたヘルスケアに見られる協働への動きは、はかり知れない可能性を秘めています。ただし、今日の大きな課題は、協働への参加の輪を地球規模に広げることです。新型コロナウイルスが世界的に大流行し、結果として数百万人の犠牲者が出たことは、痛烈な警鐘となりました。地球上を移動する人々は着実に増加しています。それは、微生物の生息環境も一緒に運んでいることを意味します。また、環境の悪化は、未知の生物学的変化を引き起こします。いつまた致命的な病気が発生し、人類を危機に陥れることになるかもしれません。しかしながら、世界がそうした未来に備えることができているとは言えません。このグローバルな連携の問題については、最終章で再び触れることにしましょう。

●さらに学びたい方へ

Anderson, H. & Gehart, D. (Eds). (2007). *Collaborative Therapy: Relationships and Conversations That Make a Difference*. New York: Routledge.

Chadbourne, J. & Silbert, S (2011). *Healing Conversations Now: Enhance Relationships with Elders and Dying Loved Ones*. Chagrin Falls: Taos Institute Publications.

Hedtke, L. (2020). From an individualist to relational model of grief. In S. McNamee, M.M. Gergen, C. Camargo-Borges, & E.F. Rasera (Eds) *The Sage Handbook of Social Constructionist Practice*. London: Sage.

Holzman L., & Mendez, R (Eds). (2003). *Psychological Investigations: A Clinician's Guide to Social Therapy*. New York: Brunner-Routledge.

Gold, K. (2020). Words matter: Promoting relationality in healthcare through narrative medicine. In S. McNamee, M.M. Gergen, C. Camargo-Borges, & E.F. Rasera (Eds.) *The Sage Handbook of Social Constructionist Practice*. London: Sage.

Lock, A. & Strong, T. (Eds.) (2012) *Discursive Perspectives in Therapeutic Practice*.

New York: Oxford University Press.

Nepustil, P. (2020). Populating recovery: Mobilizing relational sources for healing addiction. In S. McNamee, M. M. Gergen, C. Camargo-Borges, & E. F. Rasera (Eds.) *The Sage Handbook of Social Constructionist Practice*. London: Sage.

Newbury, J. (2013). *Contextualizing Care: Relational Engagement with/in Human Service Practices*. Chagrin Falls, OH: Taos Institute Publications.

Paré, D. (2013). *The Practice of Collaborative Counseling & Psychotherapy: Developing Skills in Culturally Mindful Helping*. Los Angeles: Sage.（能智正博・綾城初穂監訳　二〇二一『協働するカウンセリングと心理療法――文化とナラティヴをめぐる臨床実践テキスト』新曜社）

注

23 Conrad, P., & Barker, K. K. (2010) The social construction of illness: Key insights and policy implications. *Journal of Health and Illness,* 51S: 67–79.

24 US National Library of Medicine www.ncbi.nlm.nih.gov/pmc/articles/PMC1180839/

25 White, M., & Epston, D. (1990) *Narrative Means to Therapeutic Ends*. New York: Norton.（小森康永訳　二〇一七『物語としての家族［新訳版］』金剛出版）

26 DeShazer, S. (1994) *Words Were Originally Magic*. New York: Norton.（長谷川啓三訳　二〇〇〇『解決志向の言語学――言葉はもともと魔法だった』法政大学出版局）; O'Hanlon, B. (2000) *Do One Thing Different*. New York: W. Morrow.（阿尾正子訳　二〇〇一『考え方と生き方を変える10の法則――原因分析より解決志向が成功を呼ぶ』主婦の友社）

27 Danner, D. D., Snowdon, D. A., & Friesen, W. V. (2001) Positive emotions in early life and longevity: Findings from the nun study. *Journal of Personality and Social Psychology*, 80: 804-813.

28 Charon, R. (2006) *Narrative Medicine: Honoring the Stories of Illness*. New York: Oxford University Press.（斎藤清二・岸本寛史・宮田靖志・山本和利訳　二〇一一　『ナラティブ・メディスン——物語能力が医療を変える』医学書院）

29 Anderson, H., & Gehart, D. (Eds.) (2007) *Collaborative Therapy: Relationships and Conversations That Make a Difference*. New York: Routledge.

30 Madsen, W. C. (2007) *Collaborative Therapy with Multi-Stressed Families*. 2nd ed. New York: Guilford.

31 Asen, E., & Scholz, M. (2010) *Multi-Family Therapy: Concepts and Techniques*. London: Routledge.

32 Aristegui, R., Campayo, G., & Barriga, P. (Eds.) (2020) *Relational Mindfulness: Fundamentals and Applications*. New York: Springer.

33 Seikkula, J., & Arnkil, T. (2006) *Dialogic Meetings in Social Networks*. London: Karnac.（高木俊介・岡田愛訳　二〇一六　『オープンダイアローグ』日本評論社）

34 O'Daniel, M., & Rosenstein, A. H. (2008) Professional communication and team collaboration. In R. G. Hughs (Ed.) *Patient Safety and Quality: An Evidenced-Based Handbook for Nurses*. Rockville, MD: Agency for Healthcare Research and Quality.

35 Boissy, A., & Gilligan, T. (Eds.) (2016) *Communication the Cleveland Clinic Way: How to Drive a Relationship Centered Strategy for Superior Patient Experience*. New York: McGraw-Hill.

36 Uhlig, P., & Raboin, W. E. (2015) *Field Guide to Collaborative Care: Implementing the Future of Health Care*. Overland Park, KS: Oak Prairie Health Press.

37 Grandesso, M. A. (2020) Integrative community therapy: Creating a communitarian context for generative and transformative conversations. In S. McNamee et al. (Eds.) *The Sage Handbook of Social Constructionist Practice*. London: Sage.

38 Håkansson, C. (2009) *Ordinary Life Therapy: Experiences from a Collaborative Systemic Practice*.

Chagrin Falls, OH: Taos Institute Publications.
39 Katz, A., Conant, L., Inui, T., Baron, D., & Bor, D. (2000) A council of elders: Creating a multi-voiced dialogue in a community of care. *Social Science and Medicine*, 50, 6: 851–860.
40 Abma, T. et al. (2018) *Participatory Research for Health and Social Well-Being*. New York: Springer.
41 Sprague, M. et al. (2020) Changing the face of healthcare delivery: The importance of youth co-participation. *Health Affairs*, 39: 1776–1782.

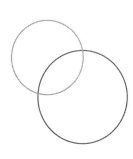

第5章 組織と変化への挑戦

Organizations and the Challenge of Change

人類（そして動物も）の長い歴史において、最も効果的に協力し、即興することを学んだものが生き残ってきた。

——チャールズ・ダーウィン

私たちは、アイデア、情報、人、発明、機会、価値観が、地球規模で急速に飛び交う激しい流れの中にいます。組織★はその規模にかかわらず、大きな課題に直面していますが、今日の組織はそうした課題にうまく対処できているのでしょうか。ここで考えてほしいのは、二〇世紀の組織の概念は、機械のように堅固な構造物のイメージに基づいていたということです。これまで見てきた学校や病院と同じように、組織は、工業生産、銀行取引、軍事防衛、教育などの特定の目標を達成するためにデザインされてきました。典型的には、組織は機械のような部品に分割され、それぞれに特定の機能（大企業では財務、マーケティング、人事など）が割り当てられます。組織がうまく機能するかどうかは、特定の業務のために訓練を受けた個人のパフォーマンスで決まります。機械が全体として確実に機能するために、トップが「機械を動かし」、下位レベルが各機能を監督する、というような階層構造が必要とされます。この二〇世紀の機械のような組織が、果たして二一世紀の課題に耐えうるのでしょうか。大いに疑問が残ります。

公平な見方をすれば、このような「指揮統制型組織★」は、安定した世界で特定の目的を達成するために大勢の人々を組織する場合は、非常に効果的です。安定した条件と確かなデータがあり、製品に対するニーズが予測できるなら、効果的な計画策定はとても有用なのです。しかし、ますます急速かつ予測不可能に変化する世界において、従来の組織は時代遅れになっています。求められているのは、グローバ

組織
本章では、主に企業組織を指します。

指揮統制型組織（command and control organizations）
「コマンド・アンド・コントロール（命令と管理）」は、軍隊のヒエラルキー型（トップダウン）の命令系統を表す用語です。

ルな変化の流れの中で、状況に応じて素早く動くことを可能にする組織形態であり、柔軟性、即興性、革新性が不可欠です。新しい組織のあり方を構想することが、きわめて重要なのです。

組織を機械的な構造物のように見るのをやめ、継続的な関係のプロセスとして捉えてみましょう。この考え方は多くの組織論研究者の注目を集めており、彼らの研究から「**組織は会話である**★」という中核的なメタファーが生まれました。これは、（会話を通して）意味を生成する継続的なプロセスと、このプロセスが自らのアイデンティティや職務、仕事の質や正当な報酬についての理解をどのように生み出すかに焦点を当てるものです。モチベーションを保ち、仕事に打ち込み、幸福感が得られるかは、意味をともにつくり出すプロセスによって決まります。本章では、今日の流動的な世界の中で組織が効果的に機能するために、関係論的な考え方がどのような可能性を持つかを探っていきます。特に重要なのは、そこからどのような組織的実践が導き出されるのかという点です。ここでは、すでに動き出している革新的な事例から、大いに期待が持てる四つの展開に注目します。

「組織は会話である」
会話も、ダンスと並んでガーゲンが好んで使用するメタファーの一つです。『何のためのテスト？』第2章（二八‐三一頁）では、学校教育を工場生産ではなく会話のメタファーで捉えることを提案しています。

参加の可能性を解き放つ

目まぐるしく変化する世界における指揮統制型組織の最大の欠点は、関係のプロセスを狭めてしまうことです。重要な意思決定はすべて上層部で行われ、決まった方針と計画が組織の下層に伝達されます。「私たちが決めるから、あなたたちは黙って従いなさい」というわけです。学校の一方通行の授業と同じように、関係のプロセスが持つ可能性は小さくなってしまいます。重大な損失の一つは、意思決定の質です。今日の世界では、いかなる意思決定も、その結果を予測することがますます難しくなっており、問題そのものも複雑さを増しています。ある領域での変化は、他の多くの領域の変化につながります。パンの値段を上げると、パンの売れ行きだけでなく、雇用や環境、政治にまで影響が及ぶこともあります。その波及効果はどこまでも広がり、把握することは不可能です。政策の審議がトップだけで行われるなら、そこに持ち込まれる知識、見識、意見は限られたものになります。パンの値段を上げることは、経営陣にとっては利益を考えた判断にすぎないかもしれません。しかし、床を清掃している人たちであれば、そのことが貧しい人々の生活にどのような意味を持つかについて、多くを語ることができるでしょう。

機械のような組織では、単に意思決定のための情報が少ないだけでなく、ヒエラルキーによって、下層にいる人たちが問題について考えなくなってしまうのです。すべてが上層部で審議されるなら、下層部の人間はただ命令に従うだけの駒にすぎません。もしそうなら、組織に貢献する新たな革新の可能性を発見し、検討し、想像することにいったい何の意味があるのでしょうか。組織について創造的な会話をすることもできるはずが、上層部の文句を言ったり、嘲笑したり、粗探しをしたりすることに終始してしまうのです。

組織が会話のプロセスであるなら、会話を豊かにしなければなりません。複雑で急速に変化する世界では、未来をともに作る人々の声を増やし、その幅を広げることが、第一の課題となります。理論的に言えば、組織は多くの声を含む**ポリフォニック（多声的）な**ものになる必要があるのです。関係は価値を創造する基盤となるため、生成的な会話が最も重要になります。求められるのは、幅広い積極的な参加です。このように言うと、一方では理想論に、もう一方では「何でもあり」のように聞こえるかもしれません。しかし、「アプリシエイティブ・インクワイアリー★（ＡＩ）」という組織変革の実践法が一九九〇年代に開発され、求められる方向への画期的な転換がもたらされました。ＡＩは、今や世界中に広がっています。[42]

問題解決と計画立案の大部分がトップダウンで行われる、伝統的な組織について考えてみましょう。新しい方針、計画、手順が設定されれば、全員がそれに従うことになります。そのような変更の理由を従業員が理解しているか、間違ったものだと感じているかは、ほとんど関係がありません。頻繁に抵抗が起こり、変化は停滞し、対立が生まれる可能性もあります。人は自分が創り出したものを一番大切にすると言われますが、そのように考えれば、ＡＩはまずもって、創り手となる人々を増やすための手段であることがわかります。ただし、これはほんの始まりにすぎま

アプリシエイティブ・インクワイアリー
探求（インクワイアリー）を通して個人や組織の価値を認め（アプリシエイティブ）、その価値を最大限に活かせるような組織（チーム）づくりを目指す手法です。

せん。ただ声を増やすだけでは、対立や混乱、駆け引きのもとになります。ＡＩによって生み出される会話は、こうした問題を回避するだけでなく、熱意、連帯感、楽観につながるのです。でも、どうやって？　以下に挙げる要因が、その鍵を握っています。

―問題ではなく可能性に目を向ける　会話が問題を中心に行われると、問題が大きくなり、絶望感が増すことも少なくありません。それに対して、ＡＩの会話では、問題からポジティブな可能性に目が向けられます。

―価値観に焦点を当てる　組織における将来計画は、通常、コスト、実現可能性、競合する選択肢などの物質的な問題に結びついています。一方で「私たちが本当に大切にしていることは何か」という価値観の問題は、めったに取り上げられません。よく言われるように、物質主義（モノを手に入れ、消費することを重視する態度）は、人を空虚な気持ちにさせます。それに対して、ＡＩの最初の会話は、特に参加者が大切にしていることや仕事のやりがいに焦点が当てられており、価値を重視した（アプリシエイティブな）ものになります。

―個人的なことを共有する　組織の問題解決では、人々の感情より論理と証拠が優先されます。一方、ＡＩの最初の会話では個人的なストーリーが共有され、各自が組織で働く中で感謝していることや大切にしていることを伝え合います。

AIの参加者は、実践的な計画立案とその達成のどちらにも関わります。

―現実的な計画を立てる

通常、意思決定は組織の上層部で行われますが、AIを実際に行う際には、事前に入念な計画を立て、グループの課題を明確にして、生産的な会話に入れるようにすることが大切です。AIの会話は四つの段階に分かれており、「四つのＤ」と呼ばれています。最初の「**発見（Discovery）**」の段階では、参加者は通常二人一組になり、価値につながる問いについて話し合います。たとえば、ある組織が拡張計画を検討している場合、「現在の組織の機能で、自分たちが最も大切だと感じているものは何か」という問いに焦点を当てます。この問いに対して、それぞれが個人的なストーリーを話し、自分が評価している点を説明するように促されます。次は、「**夢（Dream）**」の段階です。参加者は、再び全体で集まって発見したことを共有し、リーダーの助けを借りながら共通の価値観を見出します。「**設計（Design）**」の段階では、組織を拡張する中でこれらの価値を実現するのに適した計画や方針、実践について検討します。最後は「**結果（Deliver）**」（または「**運命（Destiny）**」）で、具体的に何を変える必要があるか、それをどのように展開し、モニタリングしていくかを計画します。

アプリシエイティブ・インクワイアリーは、企業、非営利団体、学校、教会、コミュニティなど、大小を問わず世界中の組織で活用されています。また、多くの人は、家庭での日常生活や職場での私的な活動にもＡＩの方向性が役立つことに気づいています。問題に焦点を当てたり、物事がうまくいかないときに粗探しをしたりするのではなく、**私たちが**何を大切にしているか、目標を達成するために**私たちが**どうすればよいかを中心に会話が行われます。アプリシエイティブ・インクワイアリーは、単なる組織変革の実践ではありません。その基本原則は、私たちがともに生きる方法を豊かにしてくれるのです。

　アプリシエイティブ・インクワイアリーは目覚ましい成功を収め、組織開発の分野に革命的な変化をもたらしました。従来、組織の改善や方向転換には、かなりのコストと時間がかかっていました。これは主に、組織を機械のように捉えていたことによるものです。もし機械に変更を加えようとすれば、専門家に相談し、調査と評価を行い、慎重に検討しなければなりません。一方、アプリシエイティブ・インクワイアリーは、組織は会話と同じスピードで変化させることが可能だということを実証しています。適切な対話によって、熱意と連帯を生み出すことができるのです。このような気づきから、**対話型組織開発**★という、より一般的な運動が生まれました。[43] この運動は、生産的な対話を通じて組織の変化を促す幅広い実践を後押しするもので、アプリシエイティブ・インクワイアリーに類似した実践や、既成の前提を打ち破って新たな道を作り出し、未来に向けたナラティヴを創造するような会話も含まれます。可能性は無限に広がっているのです。

対話型組織開発
(dialogic organization development)
組織内での対話を通して相互理解を進めながら、目標やルールを自ら創出できるようなチームへの成長を促進します。

協働と創造性

組織のメンバーが感度を高め、互いに関与し、コミュニケーションをとることで、組織は行動する準備ができます。ただし、積極的に参加するだけでは十分とは言えません。他者とともに問題解決に取り組み、複雑な意思決定を行い、新たな方向に動き出す「協働（コラボレーション）」という大きな課題が残されています。協働とは、異なるスキル、視点、価値観を持つ（もしかしたら住んでいる場所もまったく違う）人々と一緒に取り組むことを意味します。「**協働せよ、さもなければ滅びよ**」は、ある評論家の言葉ですが[44]、変化のスピードが速い今日の世界では、協働する力が非常に重要なのです。ここでは、協働の強化につながる二つの重要な道筋について考え、その可能性を明らかにします。

デジタル技術の活用

機械的な組織観がもたらした影響の一つに、コミュニケーションに対するミニマリスト（最小主義）アプローチがあります。この考え方に従うなら、組織の各ユニットが設計通りに業務を遂行すれば、システム全体がスムーズに動くはずです。コミュニケーションの役割は、組織が効果的に機能するように情報を伝達することであり、それ以外は関係がないか、逆効果になることさえあります。しかしながら、変化の激しいデジタル社会では絶えず修正と革新が要求され、ミニマリストアプローチはもはや役に立ちません。情報だけでは生き延びることができないのです。求められるのは、明確化し、推測し、即興することであり、それらはすべて協働につながります。

協働へのこうした転換は、デジタル技術の急速な発展によって劇的に進みました。二四時間三六五日、世界中の人々と瞬時に協働する手立てが、ここにあるのです。これらの技術は、もともと効率よく情報を伝えるためのものでしたが、視覚的な情報伝達が可能になり、対面に近いかたちで交流が行われるようになりました。その豊かさは、どれだけ評価しても評価しすぎることはありません。まず、このような対話では、何が伝えられているのかを絶えず明確にすることができます。首をかしげたり、眉をひそめたり、質問したりすることで、理解が進むこともありますし、声のトーンや表情などの非言語的な表現から、話者が発言に自信を持っているかどうか、重要な話かどうかがわかります。特に重要なのは、一緒に笑い合えることです。「笑いは二人の距離を最短にする」からです。

通信技術は日々進歩していますが、その可能性を例示しておきましょう。スカンジナビアのある組織では、規模を拡大したことにより、さまざまな部門や子会社間の調整が難しくなっていました。部署の違う社員同士が互いのことを知らず、相互理解が不十分で、新しいアイデアの実行は困難でした。そこで、映像技術を用いて各部門や子会社と経営陣をつなぐ計画的なミーティングの場が用意されました。互いの顔を見ながら、ニーズや状況に応じて幅広い議論を交わし、互いをよく知ることで、リラックスしてオープンに対話ができるようになりました。こうして、変化し続ける曖昧な状況で前に進むために不可欠な、配慮と理解が生まれたのです。

対話の足場づくり

人々を集めて協同的な会話を行うことは、確かに見込みがありそうです。ただし、協同的な会話は自然にできるものではありません。第3章で述べたように、私たちの教育システムでは、協働する技術を十分に身につけることができないのです。教室で教えられるのは、低学年の子どもたちは権威を受け入れること、高学年の生徒は自分の立場を守って競争相手を批判することであり、どちらも協働には結びつきません。他者のアイデアを膨らませてより精密なものにしたり、複数の立場をバランスよく組み合わせたり、アイデアやイメージで遊んだりすることは、意味の隔たりを超えて協働するために欠かせませんが、私たちにはその準備がほとんどできていないのです。組織もこのような「ソフトスキル」を、多文化社会を生き抜く上で重要なものと考えており、他者とうまくやっていく方法についてのマニュアルも増えています。しかし、「こうすればいい」と本に書かれているのを読むのと、実際にやってみるのとでは、大きな違いがあります。「自分の感情をコントロールする」、

「最後までやる」、「ポジティブなフィードバックをする」など、何かをしている最中にはすぐに忘れてしまうのです。

　こうして、多くの組織では、マネジメント研修に対話のスキルが追加されることになりました。しかし、建設的な対話を生み出す二つ目の非常に有望な方法は、足場づくりです。不安定な人間関係のスキルや組織構造に頼るのではなく、協働が生まれやすい会話の足場を築くことが目指されます。このような足場づくりの方法の中でも早くからあり、うまくいっているものの一つは、集団でよりよい意思決定を行うために考案されました。[45]上下関係や競争による悪影響を避けるため、意思決定のプロセスを六種類の会話に分け、参加者は会話ごとに異なる「会話の帽子」をかぶります。白い帽子の段階では、全員が意思決定に関連する情報を共有します。黄色い帽子の段階では、自分が支持する結論について、楽観的に話すように求められます。黒い帽子の段階に入ると、問題点や危険性を遠慮なく指摘することができます。赤い帽子の段階では、参加者はより主観的に、自分の感情や勘、直感について話します。緑の帽子の段階では、自由に代案を考えます。青い帽子の段階では、ここまでの対話そのものを振り返り、会話がどのように進んだか、何が達成できたかを話します。この方法の大きな魅力は、通常求められる「一貫性」の縛りから参加者が解放され、同じアイデアに対して賛成も反対もできるという点です。また、このようなプロセスを経ることで、意思決定の際に持ち込まれるアイデアや意見の幅

が大きく広がります。

組織のメタファーが機械から会話に置き換わるにつれて、対話の足場づくりがますます行われるようになってきました。さまざまな課題や状況に応じてデザインされた多様な実践が生まれています。その多くは進め方の自由度が高く、集団を活性化し、その潜在的な可能性が発揮できるように対話が設計されています。[46] 構造化された対話には、相互インタビュー、ロールプレイ、語りの共有などが含まれます。たとえば、「賢者の集い（Wise Crowds）」の実践では、参加者は小グループに分かれ、組織の中で直面している個人的な課題を順番に発表します。聞き手は相談役として、明確化のための質問をしたり、同様の問題について話したり、後押しする有益なアドバイスをしたりします。参加者は多角的な考え方に触れることができ、さらに活動を通じて相互的な信頼と自信、組織での生活に役立つ知識も生まれます。特に、「ＴＲＩＺ」と呼ばれる実践は、刺激的で楽しさにあふれています。参加者は一緒にプロジェクトに取り組むのですが、ある時点でいったん中断し、そのプロジェクトで**起こりうる最悪の結果**を達成するための最善の方法についてアイデアを出し合います。そうすると、皮肉にも多くのことが学べるのです。これらの方法は、与えられた条件に合わせたり、必要に応じて変更したりすることも可能です。基本的に、このような足場づくりの方法は、無限に開発することができます。実際、一つの実践を繰り返して行うと、参加者があまり魅力を感じなくなることもあります。

デザインによる創造性

組織の将来の活力を生み出す上で大きな課題となっているのは、協調性と創造性です。複数の声を協調させる力と、絶え間ない変化に対して創造的に行動する力は欠かせません。この二つの課題は、現在最も影響力のある**デザイン思考**の運動でも取り上げられています。創造性を一個人の頭の中に閉じ込めるという従来の考え方には限界があるという気づきから、集団によるプロセスが重視されています。適切な対話が行われれば、創造的な結果が得られる可能性は高くなります。創造性につながる「適切な対話」にはさまざまなアプローチがありますが、その多くには共通の論理が見られます。たとえば、達成したい目標（新商品など）に対してデザインチームを編成する場合、異なる専門性を持つ人を含めることが重要です。対話そのものは、五つのフェーズに分かれています。

発見する　チームはまず、イノベーションの影響を受ける可能性のある人々に意見を聞きます。たとえば、新しいネズミ捕りであれば、現在使っているネズミ捕り（の良いところと欠点）についてどのように考えているのか、何を望んでいるのかを調査し、潜在的なユーザーの視点から状況を理解します。

定義する　一つ目のフェーズで収集した情報は、どのように解釈すればよいでしょうか。その情報には、デザインの観点から見てどのような意味があるでしょうか。結果を精査し、意見を出し合うことで、たとえば、人々は安価で再利用でき、ネズミをあまり苦しませないネズミ捕りを求めているということがわかるかもしれません。

想像する　デザインについてのブレインストーミングに着手し、互いに刺激し合いながら、想像を膨らませます。本当にネズミ捕りが必要なのか。ネズミは嫌がるが人間は気づかないような匂いがあるのではないか。最終的に、「これなら実現できそうだ」というものを選びます。

モデルを試作する　次の課題は、選ばれた案に対して、具体的なデザインを描く（モデルを試作する）ことです。どのような見た目にするか、どんな形と大きさがよいか、など。この試作モデルをもとに実際のモデルが作られます。

テストする　最後にモデルをテストします。たとえば、消費者の反応はどうでしょうか。現在あるものよりも優れているでしょうか。足りないのはどこでしょうか。

　このような集合的創造性★への転換は、今や企業の世界から公共の場へと広がっています。先進的な政策立案者は、それが社会問題を解決するための道になりうると考えています[47]。政党政治や多数決に代わる選択肢をデザインし、テストすることもできるでしょう。その可能性は多岐にわたります。

集合的創造性
創造性は、個人の能力ではなく、広い社会的・文化的文脈の中で、人々の相互作用を通してあらわれるという考え方です。松田素二編『集合的創造性——コンヴィヴィアルな人間学のために』（二〇二一年、世界思想社）を参照してください。

関係に基づくリーダーシップ

積極的な参加と協働を促進することは、組織を維持し成長させる上で重要な要素です。しかし、**リーダーシップ**の問題が残っています。活気に満ちた参加と協働の力学の中で、リーダーシップをどのように考えればよいのでしょうか。従来の組織のリーダーシップの考え方は、個人を中心とするものでした。優れたリーダーとそうでないリーダーは、大胆さ、誠実さ、謙虚さ、インスピレーションを与える力など、個人の特性という観点で対比されます。今日の機械型の組織では、リーダーは機械の性能を管理し、高い生産性を目指さなければなりません。一方、関係の視点から見ると、リーダー個人に焦点を当てるのは見当違いです。インスピレーションを与えることも、管理することも、一人ではできません。私たちは協調の流れを重視します。**積極的に流れに参加し、その可能性を豊かにする存在**がリーダーだと考えるのです。

リーダーシップに関する近年の著作を見ると、関係論的な考え方への移行が進んでいることは明らかです。**分散型リーダーシップ**★、**サーバント・リーダーシップ**★、**ハンブル・リーダーシップ**★、**コラボレーティブ・リーダーシップ**、**コーアクティブ・リーダーシップ**、**チーム・リーダーシップ**などの概念や実践が広まり、リーダー個人の特性ではなく、協働、エンパワーメント、対話、水平的な意思決定、責任の共

分散型リーダーシップ（distributed leadership）
ジェームズ・スピラーン（James P. Spillane）は、リーダー（という人）ではなくリーダーシップ「実践」に焦点を当て、リーダー、フォロワー、状況の相互作用によって生じるプロセスとしてモデル化しました。

サーバント・リーダーシップ
サーバントは「奉仕者」の意味で、リーダーとは相手に奉仕することを通して相手を導くものであるという考え方です。ロバート・グリーンリーフ（Robert K. Greenleaf）によって提唱されました。

有、ネットワーキング、継続的な学び、つながりの強化にリーダーが果たす役割が強調されています。実際に、関係のプロセスに対する関心は、深く、広くなっています。包括的に**関係に基づく（関係的）リーダーシップ**と呼ぶこともできるでしょう。

理論的には、組織にCEO、社長、船長、司令官など、指名されたリーダーを置かなければならないという原則はありません。どのようなかたちであれ、組織は関係のプロセスに依拠しています。しかし、今日、世界のほとんどの組織は、個人がトップに立つ階層的な構造となっています。トップの役割を担う人々は、自分から行動を起こして他者を関係に誘い込むという、他の人々とは異なる独特な立場に置かれます。このテーマについて述べたいことはたくさんありますが、ここでは二つの目立った動きに焦点を絞ることにしましょう。

調整の調整——集合知に向けて

関係的リーダーシップでは、意思決定を行って他者に従わせるのではなく、協調のプロセスにまず関心を持たなければなりません。最もわかりやすいのは、先ほど述べたように参加型の活動を促すこと、特に大きな組織であれば、複数の「会話」をスタートさせることです。ここで新たに重要な課題となるのが、**調整の調整**です。多数の「会話」は、全体としてまとまった流れになっているでしょうか。機械型の組織にとって、このことは長らく問題でした。これまで見たように、そのような組

ハンブル・リーダーシップ
ハンブルは「謙虚な」という意味で、リーダーとメンバーの個人的なつながりを重視するリーダーシップの考え方です。アメリカの心理学者エドガー・シャイン（Edgar H. Schein）によって提唱されました。

織は通常下位ユニットに分かれ、それぞれが特定の機能（営業、財務、人事など）を担います。また、第2章で述べたように、集団が形成されると、何が現実か、何が合理的か、何がよいことかについて特有の理解が生み出されます。そのため、集団内部の協調のあり方は、有益で活気に満ちているかもしれません。しかし、集団の中で作られた現実や価値観によって、**私たちと彼ら**、「私たちの優れたアイデア」と「あの人たちの浅はかな判断」の間に壁が生まれます。たとえば、組織のマーケティング部門で共有されている目標や理念は、生産部門や財務部門とはまったく違うかもしれません。こうした潜在的な違いを持つ複数の世界の調整を行うことが、リーダーの課題になるのです。

組織内のグループ間で調整を行うための、完璧な方法はありません。機械型の組織では、各部門の責任者が集まるトップレベルの会議を通して、調整を行うのが一般的でした。しかし、階層のトップに立つ者は、自らが作り上げた現実によって制限を受けることになります。多くの組織では、電子的なネットワークを通じて調整がスムーズに行われるようにしています。いわば、全員が「輪」の中にいる状態です。しかし、これらのネットワークが単に情報を伝達するだけなのか、それとも細やかな協働を可能にするのかによって、成否は大きく左右されます。組織の部門間でどの程度協調が行われているかについては、決まった評価方法があり、[48]それによってリーダーは、注意を要するコミュニケーションのずれを見つけることができます。ただし、各部門をどのように結びつけるかは未解決のままです。先に、生成的な参加と協働の促進について述べましたが、このような動きは、組織全体の細やかな調整を促すでしょう。ただし、時間的な制約や対話の力も考慮しなければなりません。絶え間ない創造性が求められています。

調整の調整が行われている顕著な例は、他でもない軍組織です。軍隊は通常、トップダウン型の機械的な組織形態の象徴とみなされています。指揮を執る者が戦略と戦術を決定し、その命令への服従は絶対です。命令が間違っていたり道徳に反していたりしたとしても、従わなければなりません。しかし、軍の指導者たちは、紛争がますますＶＵＣＡ（**不安定 volatile、不確実 uncertain、複雑 complex、曖昧 ambiguous**）になっているということに気づきはじめています。このような状況下での意思決定は、非常に困難です。状況は刻々と変化し、決断は生死を左右します。どうすれば合理的な意思決定ができるでしょうか。ジレンマに直面したアメリカ特殊作戦司令部の将軍は、戦闘中の意思決定をチームで行う**チーム・オブ・チームズ**[49]というアプローチを開発し、意思決定を現場の部隊に分散させました。各部隊は、半自律的なチームとして、置かれた状況を考慮に入れ、最も賢明な行動方針を検討することを任されました。他のチームや司令部との連携も課題でしたが、情報交換や意見交換をすることで、複数のチームが一つのチームとして機能するようになりました。これほど過酷な状況に直面する組織は少ないかもしれませんが、チーム・

オブ・チームズのメタファーは広く応用できる可能性があります。

組織の専門家の多くが、**集合知**★（集団的知性）という観点に有用性を見出しているのは、まさにこの点においてです。私たちは知能を個人の特性だと考えており、従来の知能測定もすべてこの仮定に基づいています。しかし、ここでは、集合的な実践がどの程度賢明な決定を生み出すかを考えることが求められており、主として調整の調整が問題になります。各グループが賢明な判断をしたとしても、グループ間の関係によって全体が破綻してしまう可能性があるからです。民主主義国家を例に挙げて言えば、各政党の内部では高度な調整が行われているかもしれませんが、政党同士が根本的に対立し、政策決定にあたって頑なに敵対し続ければ、集合知が脅かされます。退行的な対話は、集団にとっての災難をもたらす温床なのです。

有効性を超えて——ウェルビーイングと世界

本章では、組織の活力を維持するために関係論的なアプローチは不可欠である、という点を中心に述べてきました。つまり、組織にとっての有効性を第一に考えて議論していたのです。この最後の節では、価値に対する視野をさらに広げ、組織とより広い世界の両方における人々のウェルビーイング★について考える必要があります。組織内で完璧に連携できたからといって、それが必ずしも参加者にとってよい

集合知（集団的知性）
collective Intelligence の訳です。アメリカの認知科学者トーマス・マローン（Thomas W. Malone）は、知性があるとみなされるような結果を生み出す集団の活動と定義しています。

ウェルビーイング
「よく（well）」「ある・状態（being）」を組み合わせた言葉で、身体的・精神的・社会的に良好な状態にあることを意味します。著者ガーゲンは、その概念をさらに広げ、関係や組織、世界にも当てはめています。ここまでの章では、「幸福」や「健康」など文脈によって訳し分けてきましたが、本節では、同じ語が使用されていることを特に示しておきたい場合は「ウェルビーイング」を使用します。

こととは限りません。組立ラインの作業員はロボットのように連携できているかもしれませんが、彼らが喜びを感じているかどうかは疑問です。

ここでは、本章で紹介してきた実践を通して、関係のウェルビーイングがどのように達成されるかを考えてみるとよいでしょう。たとえば、労働者が意思決定に積極的に参加するとき、彼らのウェルビーイングという論点は避けて通れません。公平さ、労働条件、家族の幸せなど、さまざまな問題が明らかになるでしょう。また、アプリシエイティブ・インクワイアリーのような実践は、集団による意思決定のプロセスをはるかに超えています。個人的に重要な意味を持つストーリーを共有するとき、参加者は思いやりのある共感的な聞き手になるのです。対話の足場づくりについて言えば、「賢者の集い」の実践は、複数の視点からのアドバイスを提供するだけではなく、信頼と感謝の強い絆をもたらします。多くの対話の実践は、少数派の声を取り入れ、相互理解を生み出し、力関係を解消するのに有効です。チーム・オブ・チームズのアプローチでは、結果として互いに尊重し合うようになることも少なくありません。

必要なのは、革新を持続させることです。たとえば、従業員の仕事ぶりを定期的に評価する**勤務評定**の慣行について考えてみましょう。学校の試験（第３章）と同様、評価は深刻な不安の種となります。自分が上司から検査される対象になり、自らの適性や帰属意識が揺らいでしまうからです。また、勤務評定は、従業員に対して、自分たちは出世のために互いに競争しているのだということを伝えます。その結果、同僚の間で距離が生じ、仲間よりも自分の方が優れていることをみなが確認しようとします。つまり、伝統的な勤務評定は、ウェルビーイングを損なうものになっているのです[50]。

教育関係者が学校評価の代替案を試行錯誤しているのと同様に、組織も勤務評定の代替案を模索しており、勤務評定を対話のプロセスに作り替える取り組みもいくつか生まれています。対話はウェルビーイングの問題に敏感ですが、主観と客観の関係はおおむねそのままです。中でも興味深いのは、個人の業績からそれを生み出す関係のプロセスへと焦点を移す対話的実践です。従業員の長所や短所を問うのではなく、「**私たち**はどのように業務を行っているのか」「**私たち**が一緒に仕事をしている強みは何か」「このプロセスの何を改善できるか」のような問いを軸に対話が行われます。恐怖や疎外感は連帯感に取って代わられ、協調に関する話題が中心になります。

世界の流れに積極的に参加する

組織が会話に似ているとすれば、内と外を隔てる境界線はありません。会話は境界線を越えて、地域社会、さらにその外の世界へと広がっていきます。私たちは、組織を含むより広い世界のウェルビーイングについて考えなければなりません。従業員の家族との関係、地域社会、他の組織、政府との関係など、語るべきことはまだまだたくさんあります。

　このような背景は、分離した存在という前提によって見えなくなっていたものでもあります。第1章で述べた「私が一番」志向は、一つの生き方として受け入れられています。特にビジネスの世界では、組織それ自体のウェルビーイング、中でも「ボトムライン（企業の最終的な利益）」にまず注意が向けられます（「**私たちの**ビジネスは成功しているだろうか」）。欧米における新自由主義政策の拡大や経済競争の重視によって、利己的な志向はますます強くなっています。関係論の視点から見ると、このような考え方は近視眼的であるばかりでなく、大きな危険をはらんでいます。「近視眼的」というのは、どの組織も広範な関係のプロセスから独立にあるわけではないからです。関係のプロセスが経済的な競争として設定されると、その行き着く先は、勝者はますます強く大きくなり、敗者は淘汰されるという退行的な状況です。世界的なチェーン店の展開によって、家族経営の店が廃業に追い込まれていることは、その一例にすぎません。しかし、現状はもっと壊滅的です。利益を追い求めるあまり、環境も敗者の仲間入りをすることになりました。万人が万人を相手に戦う競争において、最終的に生き残る者はごくわずかしかいないのです。

　これは特に耳新しい問題ではありません。組織は、持続可能な未来に向けていかに貢献できるかを模索し続けています。多くの国では、取引関係が、持続可能性を

実現する最もわかりやすいルートになっています。組織が得た利益は、一定の割合で社会に還元されなければなりません。税金がわかりやすい例であり、衛生、道路、セキュリティなど、より大きなインフラは基金によって支えられています。ところが、税金に対する考え方においては、組織は個人とよく似ています。税金は出費であり、できるだけ払わないようにしようとするのです。社会は不都合な重荷でしかありません。より公共性の高い企業は、善意による関係に目を向け、さまざまな慈善事業に自発的に寄付を行っています。慈善事業は確かに広く社会に貢献することになりますが、組織の善意に左右されます。批評家も指摘しているように、慈善事業は有用な手当てを提供するものの、構造的な貧困や人種差別などの苦痛の根本的な解決にはなりません。

　言うまでもなく、関係のプロセスの再構築は、今なお未来に向けたきわめて重要な課題です。この問題については、次章でもう一度触れることにしましょう。本章の締めくくりに、私たちに力を与えてくれる一つの革新的事例を紹介します。それは、「ビジネスは世界を救うエージェント」という取り組み[51]で、「経済的な実現性」「人々のウェルビーイング」「環境の繁栄」という三つのボトムラインを備えた企業を支援してさらなる発展を促すことを目的とし、毎年これらの理想を体現する企業に賞★を授与しています。受賞企業の一つであるエアロファーム（AeroFarm）では、革新的な農業の方法を開発しています。特に関心を持っているのは、水の消費量を

賞　国連の持続可能な開発目標（SDGs）の達成に向けて貢献した企業を表彰するFlourish Prizesという賞です。https://aim2flourish.com/about-flourish-prizes を参照してください。

抑え、農薬を使わずに、収穫量が多く品質の高い野菜を生産することで、新しい技術の活用や開発に関する教育も手掛けています。もう一つの受賞企業のルミンエイド（LuminAID）は、便利で手頃な価格のソーラー充電式ライトを製造しています。この再生可能な光源は、現在世界百カ国で使用され、特に電力が不足している貧しい国や、自然災害に見舞われた国で重宝されています。今や組織のウェルビーイングと世界のウェルビーイングは融合し、一体となっているのです。

●さらに学びたい方へ

Barrett, F.（2012）*Yes to the Mess: Surprising Leadership Lessons from Jazz.* Cambridge: Harvard Business Review Press.

Belden-Charles, G., Willis, M., & Lee, J.（2020）Designing relationally responsive organizations. In S. McNamee, M.M. Gergen, C. Camargo-Borges, & E.F. Rasera（Eds.）*The Sage Handbook of Social Constructionist Practice.* London: Sage.

Bushe, G., & Marshak, R.（Eds.）（2015）*Dialogic Organization Development: The Theory and Practice of Transformational Change.* Noida: Berrett-Koehler Publishers.（中村和彦訳　二〇一八『対話型組織開発——その理論的系譜と実践』英治出版）

Coleman, D., & Levine, S.（2008）*Collaboration 2.0: Technology and Best Practices for Collaboration in Web 2.0 world.* Cupertino, CA: Happy About Books.

Gaynor, G. (2002) *Innovation by Design: What it Takes to Keep Your Company on the Cutting Edge*. New York: AMACOM.

Haslebo, G., & Haslebo, M. L. (2012) *Practicing Relational Ethics in Organizations*. Chagrin Falls, OH: Taos Institute Publications.

Hernes, T. (2014) *A Process Theory of Organization*. New York: Oxford University Press.

Hersted, L., & Gergen, K.J. (2013) *Relational Leading: Practices for Dialogically Based Collaboration*. Chagrin Falls, OH: Taos Institute Publications.

Hornstrup, C., Loehr-Petersen, J., Madsen, J. G., Johansen, T., & Jensen, A. V. (2012) *Developing Relational Leadership: Resources for Developing Reflexive Organizational Practices*. Chagrin Falls, OH: Taos Institute Publications.

Kaner, S. et al. (2014). *Facilitator's Guide to Participatory Decision Making*. San Francisco, CA: Jossey-Bass.

Madsen, C. O., Larsen, M. V., Hersted, L., & Rasmussen, J. G. (2018) *Relational Research and Organizational Studies*. London: Routledge.

Sawyer, K. (2007) *Group Genius: The Creative Power of Collaboration*. New York: Basic Books.（金子宣子訳　二〇〇九　『凡才の集団は孤高の天才に勝る――「グループ・ジーニアス」が生み出すものすごいアイデア』ダイヤモンド社）

Uhl-Bien, M., & Ospina, S. (Eds.) (2012). *Advancing Relational Leadership Theory: A Dialogue Among Perspectives*. Charlotte, NC: Informational Age.

Verheijen, L. et al. (2020). *Appreciative Inquiry as a Daily Leadership Practice.* Chagrin Falls, OH: Taos Institute Publications.

注

42 Cooperrider, D., & Whitney, D. (2005) *Appreciative Inquiry: A Positive Revolution in Change.* San Francisco, CA: Berrett-Koehler.（本間正人監訳・市瀬博基訳　二〇〇六『ＡＩ「最高の瞬間」を引きだす組織開発――未来志向の〝問いかけ〟が会社を救う』ＰＨＰエディターズグループ）

43 Bushe, G. R., & Marshak, R. J. (Eds.) (2015) *Dialogic Organizational Development.* San Francisco, CA: Berrett-Koehler.

44 Bratton, W., & Tumin, Z. (2012) *Collaborate or Perish: Reaching Across Boundaries in a Networked world.* New York: Random House.

45 DeBono, E. (1985) *Six Thinking Hats.* Boston, MA: Little Brown.（川本英明訳　二〇一五『６つの帽子思考法　――視点を変えると会議も変わる』パンローリング）

46 Lipmanowicz, H., & McCandless, K. (2013) *The Surprising Power of Liberating Structures: Simple Rules to Unleash a Culture of Innovation.* Seattle, WA: Liberating Structures Press.

47 Hassan, Z. (2014) *The Social Labs Revolution: A New Approach to Solving Our Most Complex Challenges.* San Francisco, CA: Barrett-Koehler.

48 Gittell, J. H. (2009) *High Performance Healthcare: Using the Power of Relationships to Achieve Greater Efficiency and Resilience.* New York: McGraw Hill.

49 McChrystal, S. (2015) *Team of Teams: New Rules of Engagement for a Complex World.* New York: Penguin.（吉川南・尼丁千津子・高取芳彦訳　二〇一六『チーム・オブ・チームズ――複雑化する世界で戦うための新原則』日経ＢＰ社）

50 Culbert, S. A. (2010) *Get Rid of the Performance Review.* New York: Business Plus.

51 https://weatherhead.case.edu/centers/fowler/

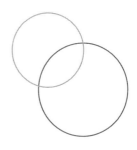

第6章　対立、管理、そして関係の世界へ

Conflict, Control, and the Relational Imperative

私たちは運命という一枚の布地に結びつけられ、逃れることのできない相互性のネットワークに巻き込まれています。それゆえ、一人に直接影響するものは、すべての人に間接的に影響を与えるのです。

――マーティン・ルーサー・キング・Jr.

個人から関係のプロセスに焦点を移すことで、教育、医療、組織の現場では、生き生きとした力強い実践が生まれています。このような実践は、急速かつ地球規模の変化を遂げる世界に不可欠です。以上が、ここまでの三つの章から導き出された結論でした。革新的な実践は、私たちにはポジティブな未来を共創する力があるという希望と自信を与えてくれます。しかし、関係のプロセスそれ自体が、こうした成果を保証するわけではありません。実を言えば、学校や企業、医療システムに浸透している機械化と人間性の喪失も共創の結果であり、いじめ、政治的確執、人種的抑圧、戦争といった退行的な負のスパイラルも、他者への配慮を欠いた関係の調整の副産物なのです。

したがって、問題は、私たちの生き方が関係のプロセスに依存しているかどうかではありません。既存の関係の結び方が、人間や環境のウェルビーイングを高めるものになっているかが重要なのです。現在の関係は誰にとって有利なのか、それによって苦しんでいるのは誰か、地球上の生命にどんな影響を与えているのか。変化の激しい世界に生きる私たちは、これらの問いに絶えず向き合っていく必要があります。昨日の「よいアイデア」が、今日の「悩みの種」になるかもしれません。また、テクノロジーの発達により、あらゆる行動が瞬時に「グローバル化」する時代になりました。どんな生き方が最も望ましいのか、それは誰にとってなのか、いつまでそうあり続けるのか。複数の現実や価値観が入り混じる世界では、これらの問いに対する「確実な」答えを疑い、ともに模索し続けることを大事にしなければなりません。

そこで、この最終章では、長く関心を向けられてきた根源的な均衡に焦点を当てます。均衡には、混沌と統制、自由と秩序、分裂と統一など、さまざまなものがありますが、ここでは平和と対立（コンフリクト）の均衡について考えます。これにより、前章までの理論的・実践的テーマを総括すると同時に、統治（ガバナンス）という今日の最も差し迫った問題への扉を開くことができるでしょう。長年にわたる統治の慣行は、有効性を失っているだけでなく、世界全体にとっての脅威となりつつあります。関係論的な考え方が不可欠なのです。

平和と対立——危ういバランス

一般に、社会では常に二つのプロセスが働いており、それらは密接に関連しています。一つは、協調を進めていこうとする動きで、合意と価値ある生き方、つまり平和が目指されます。私たちは生活の多くの場面において、調和を求めて懸命に努力しています。望ましいかたちで協調すれば、信頼のおける確かな生き方（私たちのやり方、よい方法、伝統）を生み出せるかもしれません。また、これらの生き方に、「友情」「スミス一家」「私たちのコミュニティ」「アルゴ社」のような名前を付

けることも可能です。こうして、協調によって束ねられた人々が一つの単位（ユニット）として識別されるようになります。協調の核が作り出されることで、それを維持し、擁護し、尊重し、育て、豊かにしようとする傾向も生じてきます。

このように慣れ親しんだ心地よい傾向も、混乱や妨害、脅威に直面することは避けられません。十代の娘は家族で集まるのを嫌がり、不満を持つ従業員は会社の方針に抵抗し、ならず者国家は国際平和協定を破棄します。調和は、不協和音に取って代わられます。何より重要なのは、このような波紋は何もないところから急に生じたわけではないということです。上記の例では、娘とその友人、従業員とその家族、脅威を感じて道を誤る政府のように、ある関係の**中では**どの行為も了解可能なものになります。これらもまた、人々が自分たちの生き方を築き上げ、維持し、守ろうとする協調的なふるまいの結果なのです。皮肉にも、みなが合意する現実、合理性、道徳を作り出すことは、同時に、対立の種を植え付けることになります。価値ある生き方の外側には必ず、より価値の低いものや、善に対する脅威が存在します。すべての価値ある生き方は、他の生き方と潜在的に対立しているのです。関係の視点に立つなら、対立は、正常な状態からの逸脱ではなく、世界中の人々がより満足のいくかたちで協調しようとするがゆえの当然の帰結なのです。

ここには、重要な意味が含まれています。第一に、対立とは平和からの逸脱であるという思い込みは捨てなければなりません。平和と対立は表裏一体であり、生き方を共創する中で、多かれ少なかれ自然に生じる結果なのです。また、対立にはポジティブな可能性が潜んでいます。まず、対立が生じているということは、多様な「よさ」、つまり異なる意味づけの伝統から生まれた複数の価値観が存在するということです。その意味で、対立は学びの機会となります。「私たちが見落としている、彼らにとってのよさとは何か」、「全員が豊かになるようなかたちで共有するには、どうすればいいのだろうか」。さらに、きわめて平穏な状況は、かえって注意が必要です。それは、システム全体が不公正なものであることのあらわれかもしれません。人々は、与えられた条件を受け入れ、それによって誰が得をし、誰が損をするのか考えることを放棄してしまっているのです。さらに悪いことに、完全な平和は、完全な抑圧を覆い隠している可能性があります。多くの場合、現状に対して異議を申し立てることは、致命的なリスクを伴います。

ここからわかるように、人類にとっての課題は、誰もが満足する地球上の平和を永久に達成することではありません。「どんなものにも亀裂があり、だからこそ、そこから光が入ってくる」とレナード・コーエン★は歌っています。まず課題となるのは、生き方の対立によって、意味の共創の可能性が完全に損なわれることのないようにすることです。私たちは、互いに滅ぼし合うことがもはや避けられないようなところまで追い詰められています。第二の課題は、もう少し希望が持てるものです。深刻な対立に陥ることなく、すべての人々が包摂され、豊かに生きられるよう

レナード・コーエン（Leonard Cohen）
カナダ出身のシンガー・ソングライターで、詩人、小説家としても活躍しました。ロックの殿堂入りを果たすなど、世界中で高い評価を得ていましたが、二〇一六年に急逝しました。

にするには、どうすればいいのでしょうか。

対立と共創――関係に基づくアプローチ

このような重要な課題に対応するために、私たちが過去から受け継いでいる実践について考えてみましょう。私たち人類は対立に対処するために、どのような関係のかたちをともに創り出してきたのでしょうか。さかのぼってみると、三つの伝統が際立っています。一つ目は**罰**で、逆らったり邪魔したりする人に対する最も一般的かつ原始的な対処法です。身体的な罰には、殴打や鞭打ちから、投獄、拷問、抹殺まで、さまざまなものが含まれます。このような選択肢はいずれも今日まで引き継がれ、新たに追放や侮辱、サイバー戦争も加わって、リストはさらに長くなっています。

罰に代わる二つ目の方法として、私たちが受け継いでいるのは**交渉**です。対立する当事者は取引を行い、それぞれが価値を置くものを一部でも得ようとします。親が子どもと交渉する、経営者と労働組合が交渉する、危機的な状況を脱するために国家間で交渉を行う、などがよくある例です。対立解消の三つ目のアプローチである**論理に基づく議論**は、二〇世紀に入って注目されるようになりました。科学の進歩に伴い、意見が対立する場合は、事実を論理的に吟味すれば公正な解決策が見えてくると考えられるようになったのです。わかりやすい例として、裁判では論理と証拠に基づいて判断が下されます。

関係論的な視点から見ると、どのアプローチも将来有望とは言えません。一見、平和な解決策のように思われますが、いずれも**私 vs. あなた、私たち vs. 彼ら**という分離した単位を前提としているからです。平和を実現するために好ましくない者を罰したり投獄したりすれば、疎外感や疑念、恐怖、抵抗が残ります。交渉で満足のいく「合意」に達することはできるかもしれませんが、それぞれは基本的に、自らの利益のために投資しているだけです。交渉の条件が双方にとって有益である間だけ、かろうじて平和が保たれるのです。

合理的議論によって満足のいく解決を導き出すことができるのは、当事者がみな前提に同意する場合のみです。ある事実は、人々が同じ仮定に基づいている限りにおいて事実となります。私たちは「信号は赤だった」という意見で一致したとしても、心理学者は「色は事物の特性ではなく、網膜に反射した光の特性だ」と私たちの誤りを指摘するでしょう。同様に、中絶の議論を、事実に頼って解決することはできません。受精卵が人間であるかどうかをめぐって当事者が対立し、合意に達することが困難だからです。この問題は、理性や観察によって解決できるものではありません。法廷の裁判官や陪審員は、論理と事実のみによって動くのではなく、公平性に対する考え方や価値観、道徳観の影響を受けます。「正論」は、関係の伝統の中から生まれるのです。

平和構築につながる関係

力に頼ることも交渉も議論も、「当たり前のこと」ではないかと思われるかもしれません。しかし、どれも人間が発明したものであることを忘れてはいけません。必ずしもそれらの方法である必要はなく、選択は可能です。重要なのは、新しい関係のかたちを作り出すこともできるということです。たとえば、調停という考え方が生まれたことにより、法廷での多くの争いが回避されるようになりました。調停は、調停者という第三者が入ることで、より異論の少ない解決策を見出しやすくなるという仮定に基づいて行われています。コミュニケーション理論家のバーネット・パースによる以下の問いは、関係の視点から見ると、かなり的を射ています。

―私たちは何を一緒に作っているのか。
―どうやって作っているのか。
―これを作ることで、私たちはどうなるか。
―どうすれば、よりよい社会が作れるか。[52]

平和構築が私たちの達成したい目標であるなら、**どのようにして**一緒に取り組むかが重要な問題になります。新しい関係のあり方や実践をともに創造しようと呼びかけることがまずは基本であり、人々はその中で、アイデンティティや特徴を身につけていくのです。勝者と敗者を生み出す実践によって平和を実現することは可能かもしれませんが、永続的な疎外という代償を払うことになります。関係の実践に注意を払えば、よりよい社会を創造できる可能性があるのです。

ここまでの章では、新たな関係の実践を創出することで、教育、医療、組織の世界がいかによりよいものになるかを示してきました。対立とそれがもたらす結果は、私たちの生活において重要な位置を占めるため、新しい方法が盛んに模索されています。資料の一部は章末に載せますが、ここでは、関係論の流れを汲むイノベーションの中心にはどのような論理があるかを検討していくことにしましょう。論理に焦点を当てることは、前章までの中心的なテーマを整理する上でも役立つはずです。特に五つの論理を取り上げ、それがどのような実践に結実しているかを見ていきます。

危険なダンスから降りる――「そこには踏み込まないようにしよう」　対立を当事者同士の敵対関係として理解すると、互いを罵倒し合うような対話が起こりやすくなります。相手を非難したり、批判したり、罵りあったりしても、それが当たり前だと思うでしょう。第２章で述べたように、会話で相手を攻撃すれば、反発を招きます。そこから敵対関係に陥り、関係を絶ってしまうことになるかもしれません。このような関係のダンスの危険性に気づいた先駆的な人々は、退行的なシナリオを制限したり防止したりするような対話形式を編み出しています。それは、大きく二つに分けられます。一つは、意見が一致しない問題について話すことを控えるという、日常生活でよく見られる間接的な方法です。私たちもよくわかっているように、「そこに踏み込む」と互いに嫌な思いをしたり、友情にヒビが入ったりする可能性があります。平和構築の実践で言えば、意見に相違があるとき、少なくともしばらくの間は、直接問題に向き合うのではなく、もっと気楽な活動に当事者を誘うことが、これに当たります。たとえば、以下のような活動です。

―自分の家族構成や経歴について自己紹介をする。
―一緒に食事をする。
―共同プロジェクトに取り組む。
―直面する日々の課題について会話する。

より直接的なかたちで疎外感を防ぐ方法も開発されています。たとえば、次のようなものです。

―問題を相手のせいにせず、自分のこと（**私の**状況理解、感情、願望、動機など）だけを話します。そうすることで、「**お前は**何をしてくれるんだ！」と互いの粗探しや非難をし合うというシナリオを避けることができます。

―会話では、「私はこうする権利がある」のような抽象的な原則ではなく、具体的な事例のみを話すようにします。これにより、抽象的な権利義務や倫理原則をめぐって、解決不可能な堂々巡りの議論に陥らずにすみます。

生成的なシナリオを呼び込む　すでに述べた通り、私たちはあたかもダンスをするように、ともに意味をつくり出しています。この協応的な行為のパターンは、その多くが当たり前のものになっていきます。誰かに言葉で攻撃されたら、反撃するのは「ごく自然」なことです。その一方で、そうしたパターンは、ダンスと同じように即興と創造にも開かれています。ダンスに新しい動きを取り入れると、「自然な」パターンは崩れ、他者を革新へと誘うことになります。たとえば、「あなたの頬を打つ者には、もう一方の頬をも向けなさい」という聖書の言葉は、無限に続く復讐のサイクルを断ち切ることを可能にします。敵対関係の通常のシナリオを生産的なかたちで壊すことは、平和構築において有用です。たとえば、次のようなことを考えてみましょう。

―対立は、理解を深めるよい機会になると提案する。
―やりとりそのものに目を向けてもらうようにする。たとえば、「相手にこんなふうに接したいなんて、私たちは本当に思っているのだろうか」、「少し立ち止まって考えてみよう。問題解決につながるもっといい方法はないだろうか」と投げかけてみるのです。

平和構築に取り組む人々は、当たり前を壊すだけでなく、新たな関係のシナリオを創造する道も切り開いてきました。特に勢いがあり注目されているのは、**修復的司法**★の分野です。正義のシステムによって平和を維持する場合、罰に頼るのが一般的です。たとえば、騒いでいる子どもを叱りつけたり、いじめっ子を学校から追い出したり、法を犯した者を投獄したりします。このような懲罰的な関係のプロセスはあまりにも単純で、関係者の間に溝が生まれます。一方、修復的司法は、関係の修復に焦点を当てたプログラムであり、加害者と被害者を和解させ、加害者が地域社会に復帰できるようにすることを目指します。修復的司法のシナリオには、次のような段階があります。

—**対面**　加害者の行為によって被害を受けた人は、自身の苦悩や他の被害者のことなど、その行為が自分たちの人生に与えた影響について語ります。このような物語を聞くことで、加害者は被害者の気持ちが理解できるようになります。
—**贖罪**　加害者は、自身の行為に対する責任を認め、謝罪します。
—**再統合**　被害者と加害者はこれからともに歩んでいくにはどうすればよいか

修復的司法（restorative justice）
修復的正義とも訳されます。犯罪やトラブルの関係者（被害者と加害者だけでなく家族や地域の人々も含む）の直接的な対話を通して事態の改善を目指します。『関係からはじまる』第6章（二四八頁）も参照してください。

を話し合います。加害者を地域社会に再統合するための計画が立てられます。

修復的司法の実践にはさまざまなバリエーションがあり、学校における対立の解決や、刑事事件の加害者の地域生活への復帰など、非常に大きな成功を収めています。修復的司法のプログラムを通して、コミュニティの連帯感が生まれることも珍しくありません。世界中の都市や学校で、研修プログラムが次々と行われています。

新しい現実を創造する――「思っていたのとは違う」　対立状況では、当事者の世界の捉え方が食い違っている場合がほとんどです。それぞれが、自分の立場が正当化されるように世界を理解しています。しかし、もしこのような理解の違いが関係のプロセスを通して生まれたものであるなら、同じようにそれを変えることも可能です。第3章で見たように、セラピーの多くの学派は、現実の再構成を中心に実践を行ってきました。セラピーでは、より希望が持てるようなかたちで自己と世界を理解することに焦点が当てられます。

このような考え方は、平和構築における**ナラティヴ・メディエーション**★（仲裁・調停）の発展につながりました。世界についての理解の仕方は、ナラティヴ、つまり「何がどうなったか」という物語のかたちで表現されます。当事者はそれぞれ、「私が正しくてあなたが間違っている理由はこれです」という自己正当化の物語を持っています。[53] メディエーター（仲裁者）は、これらの説明を注意深く探りながら、

ナラティヴ・メディエーション
『関係からはじまる』第6章（二四六－二四七頁）も参照してください。

その物語にそぐわない事例や経験（「そういえば、このときはあなたが正しかったかも……」「確かに、これについては私も悪いと思う……」）を見つけていきます。このような事例についてさらに話し合う中で、ドミナント・ストーリー（支配的な物語）が揺らぎ、オルタナティヴ・ストーリー（別の物語）を生み出す足場が構築されます。メディエーターの力を借りながら、当事者たちは、起こったことについての新しい物語、よりよい未来につながるような物語を、協力して作っていきます。「私たちの意見のずれはやむをえなかったと思います。それに気づいた今、私たちは過去を水に流すことができるでしょうか……」。

新たな現実を共創する実践には、他に次のようなものがあります。

―参加者に、相手に関して自分が評価しているところを話してもらいます。これは特に、敵は「とにかく全部悪い」と決めつける傾向を断ち切るのに有効です。また、互いを非難し合うというシナリオから抜け出すことも可能になります。

―相手とうまくいっていた時期のエピソードを語ってもらいます。

―対立が解消された未来を想像し、それを具体的に描写します。その未来を実現する方法について一緒に話し合います。

共通認識を生み出す――「私たちは一緒です」

共通点を強調することは、新

しい現実の創造とも密接に関連しています。従来、対立が敵対関係として理解されてきたとすれば、当事者が敵対していないと示すことは、平和への一つの道筋になります。両者を結びつける価値観や目標を前面に出すことができれば、さらに効果的です。国内に対立を抱えた政府が、外的な脅威を作り出すことによって、国を一つにまとめようとするのはよくあることです。警察が家庭内のもめごとを仲裁しようとする際にも注意が必要です。互いに怒鳴り合っていた夫婦が、介入してくる警察官に向かっていつ罵声を浴びせるかもしれません。もちろん、共通の敵を見つけることで対立を緩和するのは、あまり理想的とは言えません。ただ対立の場が移っただけだからです。共通点を強調する画期的な方法としては、以下のようなものがあります。


―共通の目標とその達成方法について話し合います。その目標が、現在の対立を解決しなければ達成できないものであれば、話し合いはさらに効果的です。

―一方が直面した困難な状況を、もう一方も経験したことがあるかどうか、一緒に考えてみます。

―対立する相手に、自らの立場に対して感じている疑問や長所について話してもらいます。いずれの場合も、同意できそうな部分が浮き彫りになります。

―オープンな話し合いと沈黙の時間を持つことで、精神的なつながりや一体感を感じられるようにします。
—共通して価値があると考える物事に、一緒に取り組みます。

他者になってみる——「あなたと私はひとつ」　平和回復に向けた最後の論理は、物語を共有し、語り合うという伝統的な慣習に基づくものです。人は物語を聞くとき、あたかも自分が主人公になっているところを想像し、ヒーローや恋人、探偵、孤児としてさまざまな体験をします。このような傾向によって、物語に劇的な要素が加わるのです（「危ないところだった！」）。友人の冒険談を聞くときは、「一緒に経験し」、ある意味で「その人になり」ます。ここから、平和構築にとって重要な示唆が得られます。慎重に配慮すれば、敵対する一方あるいは双方が、対立に関連する個人的な経験について話せるようになります。語り手は、難民やトランスジェンダー、レイプの被害者、いじめのターゲットとして生きる苦しみが「自分にとってどのようなものだったか」を打ち明けるかもしれません。聞き手は、いわば「他者の靴を履いて★」、相手の境遇を想像するでしょう。

修復的司法の実践は、個人の語りに大きく依存します。より的を絞った活用方法として、ストーリーテリングの発展形である**アウトサイダーウィットネス（外部の証人）**の実践があります。[54] インタビュアーは、苦しみを抱えている人に、敵対する相手や証人の前で個人的な物語を語るように促します。たとえば、相手の行動に

「他者の靴を履く」
相手の立場になって考えることを意味する英語の定型表現です。ブレイディみかこ著『僕はイエローでホワイトで、ちょっとブルー』で紹介され、その後別の著書のタイトルにもなりました。

よって自分と家族はずっと苦しんできたという話になるかもしれません。次に、インタビュアーは、今聞いた話を証人に語り直してもらいます。その際、他者の人生にもヒントとなるような大事な要素を強調するように依頼します。証人は語り直すことで、ただ話を聞くだけでなく「その人になり」、語り手は自分の物語が他者に受け入れられているということがわかります。このプロセスをさらに拡張し、語り手が、証人の語り直しや洞察について「将来に活かせると思う」のようにコメントすることも可能です。このように互いに証人になることは、相互理解や生産的な対話につながります。[55]

以上の五つの論理は、関係に基づく平和構築の多くの革新的実践に関わっています。どの実践も、歴史的・文化的背景を無視して考えることはできません。他と組み合わせて使えるものもありますが、それらが関係の流れにフィットするかどうか、時間と状況に細心の注意を払う必要があります。これは、さらなる革新と共有を促すことにもなります。刻々と変化する文化的状況においては、絶え間ない創造性が求められます。以上のすべてから導かれる重要なメッセージは、対立の緩和、解決、解消には**関係のプロセスのあり方**がきわめて重要な意味を持つということです。

関係に基づくガバナンスに向けて

平和構築のプロセスには、常に注意を払う必要があります。特に、ますます複雑化・深刻化する**ガバナンス（統治・管理）**の課題に関してはなおさらです。ガバナンスとは、許容しうるかたちで集団生活を続けるためのプロセスであり、本書の文脈では、関係を調整し、その状態を維持することと捉えられます。手始めに、新婚のカップルが気持ちよく一緒に暮らすために努力している場面を考えてみましょう。料理や掃除、家計の分担をどうするか。夜や週末をどのように過ごすのか。小さな問題のように思われるかもしれませんが、二人の幸せは、彼らが十分な協調関係を築けるかどうかにかかっています。このプロセスは**自己組織化**と呼ばれ、二人の人間から地球上のすべての民族まで、幅広い文脈で使われています。

協調が行われると、受容され評価される「生き方」が作り出されます。その生き方をいかに維持するかが、ガバナンスの本質的な課題になります。たとえば、先ほどの新婚カップルの自己組織化がうまくいったとして、義理の両親が訪ねてきたり、仕事でストレスが溜まったり、新しい友人ができたりしたとき、彼らはどのようにしてその生き方を維持していくでしょうか。イライラして相手に不満をぶつけるのか、話し合うのか、それともルールを設けるのか。これらはガバナンスの実践です。コミュニティでは、うわさ話や排除のような非公式な方法を用いて秩序が維持され

るかもしれません。逆に公的な手段としては、条例や警察の監視などがあります。地域、地方のレベルから国や国際的なレベルまで、ガバメント（政府）とは、価値づけられた関係のパターンを守り、維持するために確立された機関なのです。

重要なのは、そうした機関による統治のプロセスです。先ほど新婚カップルや地域社会の例を見ましたが、政府はどのようにして秩序を維持するのでしょうか。もし「よい生き方」について幅広い安定した合意があるなら、それほど難しくないかもしれません。そのような条件のもとでは、おそらく「政府は小さい方がいい」という意見に同意するでしょう。しかし、多元的秩序と対立の発生について先に述べたことを思い出してください。コミュニティが民族、宗教、経済状況等の異なる複数の小集団から構成され、それぞれが独自の生活様式を持っている場合、ガバナンスは困難になります。さらに、経済や環境、技術などの面で生活の条件が絶えず変化している場合は、いっそう複雑さが増すことになります。本書では、急激かつ予測不可能で、大きな影響をもたらしている変化に、一貫して関心を向けてきました。意見や価値観が形成されてはすぐに作り変えられ、権利や義務をめぐっていたるところで争いが起こり、機会が生まれては消え、人々や情報の新しい流れが生まれています。政府という機関は、このような課題に適切に対応できているでしょうか。社会不安、怒りの抗議、暴動は、今日の世界ではありふれたものになっています。もし私たちの既存の制度が不十分なものであるとしたら、地球全体の生き残りに果たしてどのような意味を持ちうるのでしょうか。

政府——分断された私たち

民主主義、独裁主義、寡頭政治、全体主義など、あらゆる政府形態は、古くから批判されてきました。ウィンストン・チャーチルがかつて述べたように、「民主主義は、他に試みられてきたあらゆる形態を除けば、最悪の政府形態」なのです。ここで重要なのは、特定の責任を有する確立された存在として政府を理解するとき、境界線からなる世界がふたたび想定されているということです。政府は、程度の差はあれ、内部と外部を持つ**境界画定的な存在**であると考えられています。**私たち**一般市民は外部の人間であり、意思決定者である**彼ら**は内部の人間です。統治主体の意思によって、私たちに扉が開かれることもあれば閉ざされることもあります。第1章で述べたように、こうして私たちはさまざまな不幸に直面することになります。たとえば、境界画定的存在としての政府には、次のような傾向が見られます。

—外部の社会からかけ離れた「**内部**」の**現実と論理**が展開されます。「社会にとって何がよいか」という内部の見解は、大部分の人々のそれと一致しないことがあります。

—意思決定の動機と合理性について、**人々に疑念**を抱かせます。政府の決定や政策に対して、愚かだ、限界がある、非人道的だ、利己的だと感じている人は、外部にたくさんいるでしょう。こうして、人々は「私たちと彼らの戦い」という感覚を持つようになります。

―政策決定では、**因果関係が重視**されます。「私たち」統治主体が、「彼ら」人民を、こうするのがベストだと考える通りに行動させるのです。このような方向性は**統治性**と呼ばれ、冷淡かつ無神経に機能します[56]。人々を管理されるべき対象として扱うことで、人間性が失われてしまうのです。その結果、反発や抵抗が生まれたり、人々が受け身で従順になったりすることがあります。

―**自分たちの能力や権力をアピール**します。政府内部の人間は、どうすれば自らの権力的地位を維持あるいは拡大できるかを常に考えています。私益を追求するあまり、公益への投資は二の次になりがちです。

自分の生活の中でこのような結果に相当するものがすぐに思い浮かぶという読者も多いでしょう。政党間の競争があり、それぞれが優位に立とうとしている場合、問題はさらに深刻になります。複雑な政策課題に対する慎重な審議は、身勝手な主張に取って代わられ、一方の現実や論理は他方から常に拒絶されることになるでしょう。ここでも、公益への関心が犠牲になっています。重要なのは「党にとって何がよいか」であって、「人々にとって何がよいか」ではありません。さらに、投票プロセスそれ自体も問題の原因となっています。というのも、個人は、公共の利益よりもまず「**私**が何を欲しているか」を考えるように促されるからです。

グローバル・ガバナンス★に目を向けると、イノベーションの必要性が切実に感じられます。国際協調を求める声は、かつてないほど高まっています。私たちは、経済、健康、司法、環境など、地球規模の問題に直面していますが、これらはすべて絡み合って、地球上の生命を脅かしています。ところが、私たちがこれらの課題に対処するために主として依拠しているのは、**独立した**政府という考え方です。この分離という前提があるからこそ、どの国も自国の利益を第一に考えます。世界大戦、核兵器の脅威、ウイルスの蔓延、環境の悪化にもかかわらず、世界の国々は互いに不信感を抱き、競争と終わりのない対立に閉じ込められています。今や地球の存続までもが危ぶまれているのです。

関係に基づくガバナンスの展望

こうして私たちは、「**関係に基づくガバナンス**」という未開拓の新しい領域に足を踏み入れることになります。関係の視点からのアプローチは、ガバナンスの実践に何をもたらすのでしょうか。特に、政治的分極化が進み、大規模な暴動や警察による暴力、市民生活への軍隊の介入が増えている状況において、この問いかけは決して無意味なものではありません。また、デジタル技術とソーシャルメディアに

グローバル・ガバナンス　世界で起こる一国では解決できない多様な問題に対し、市民、非営利団体、自治体、企業、政府、国際機構などが、地域や国境を超えて、利益や意見の対立を調整しながらネットワークを作り、問題に取り組む過程や構想、そこから生まれる制度などを指します。

よって、独自の価値観や世界観を持つ草の根組織が生まれやすくなりました。熱狂的な運動は、社会の対立を煽り、激化させ、政府に動揺を与えます。

このような混乱の中で、いたるところで好奇心と創造性が高まり、ガバナンスのあり方を見直そうとする動きが活発化しています。特に興味を引かれるのは、世界各地のさまざまな運動や社会実験★に見られる家族的類似性です。たとえば、共同統治★、協働型ガバナンス★、ニュー・パブリック・ガバナンス★、参加型ガバナンス★、人民議会★、関係に基づく国家★のような運動を考えてみましょう[57]。それらに顕著な特徴として、次のようなものが挙げられます。

—**包括的な参加**　自分たちの未来を左右する決定に関わることができないという不満が市民の間で高まり、大きな問題となっています。そのため、政治的な意思決定への積極的な参加を促す効果的な手段が模索されています。このような試みによって、「政府」と「人々」を隔てる壁は低くなります。

—**意思決定の分散**　非常に複雑かつ急激に変化する状況において、「万人のための政策」は「誰のためでもない政策」になりつつあります。トップダウンの意思決定に対する反発はますます強くなり、その有効性が失われているのです。より局所的な、あるいは状況に応じた柔軟な意思決定が重視されています。

—**生産的な対話**　対話的な実践は、ガバナンスを強化する手段として重視され

さまざまな運動や社会実験
ここで挙げられている例は、いずれも、異なるグループ間の協力と参加を重視するガバナンスの多様なアプローチです。

共同統治(co-governance)
ニュージーランドで、イウィ（部族）と中央政府または地方自治体の代表者が同等の議決権を持ち、意思決定を行ったことから生まれたガバナンスの考え方です。

協働型ガバナンス(collaborative governance)
行政、地域、民間セクターなど複数の利害関係者が、単独でできる以上のことを達成するために協力し、問題解決や意思決定を行います。

ニュー・パブリック・ガバナンスまたは新公共ガバナンス（New Public Governance）

ています。ただし、会話が論争や二極化につながることもあるため、生成的な対話が求められています。

―**協働**　私たちの未来のためには、人々と公的機関の協働が不可欠であるという一貫した認識があります。

最後に、実際の事例から得られる示唆について述べておきたいと思います。地域コミュニティのレベルでは、国や州政府が提供する公共サービスが人々のニーズに合っていないという点に、多くの国の活動家が関心を寄せています。たとえば、医療、失業、住宅、高齢者介護などのサービスは、資金不足で柔軟性に欠け、官僚主義の餌食になっている場合が少なくありません。デンマークとイギリスでは、コミュニティ・オーガナイジング（住民組織化）に、このギャップを埋める可能性があることが実証されています。コミュニティ・オーガナイジングは、文句を言いながら受け身でサービスを待つのではなく、行政ができないことを実現するために、コミュニティの中に関係を築いていこうという試みです。イギリスでは、コミュニティ・ミーティングを開催し、住民が経験や知識、知恵を共有するという活動が生まれています。そこから、住民同士が助け合ってやりがいのある仕事を見つけたり、健康をサポートしたり、高齢者向けのサービスを提供したりするネットワークづくりに発展しているところもあります。[58] デンマークのある都市では、さらに一歩進ん

公共政策の運営において、企業やＮＰＯ、市民との関係やネットワークを重視する考え方へと転換することを意味します。

参加型ガバナンス (participatory governance)
意思決定のプロセスに、関わるすべての人々を積極的に巻き込むことを意味します。

人民議会 (the people's parliament)
社会が直面する問題について市民が議論する機会を提供し、政府が行う決定の参考にしようとする考え方です。

関係に基づく国家 (the relational state)
政府の役割、特に公共政策の運営を、人々の関係のプロセスに主眼を置いて考えようとするものです。人民議会とともにイギリスで生まれ、他の国でも取り入れられています。

で公的な福祉機関も参画し、サービスの提供へのコミュニティの協力を積極的に求めています。特に、生活に困窮しているにもかかわらず、利用できる支援についての知識に乏しい移民の多い地域では、このような取り組みが非常に重要でした。住民と協力することで、行政のサービスをよりきめ細かくニーズに合ったものにすることができるのです[59]。

広い地域に目を移してみましょう。アメリカ北東部沿岸では魚が激減し、その数を増やすことが喫緊の課題です。そこで、国、州政府、漁業権を持つインディアンの部族、非政府組織、科学者、市民が参加する共同プロジェクトが企画されました。この事例は、多くの関係者が違いを超えて協力する複雑さがわかる、特に興味深いものとなっています[60]。共通の目標に向けて協力することに合意したとしても、それは生産的な協調を行うための最初のステップにすぎません。次なる課題は、プロセスの組織化でした。それぞれの権利と義務、リーダーシップ、決め方のルールに関する問題もありましたが、その解決には何年にもわたる実験と調整が必要でした。三つ目に課題となったのは、コミュニケーションのプロセスそのものでした。背景、視点、立場、価値観の異なる人々が関係を築くのは、決して簡単なことではありません。別々のダンスの訓練を受けた者同士が、どうすれば一緒に踊ることができるのでしょうか。関係に基づくガバナンスは容易に達成できるものではありませんが、この共同プロジェクトは、環境に大きな変化をもたらしたのです。

おわりに

人々が交わるところには、意味と価値の中枢が生まれます。それは、独自の軌跡と革新性を持つミニサイズの生活形式です。今日と未来のテクノロジーのおかげで、交流の機会は一気に世界に広がり、かつて私たちの生活を組織化していた手段は力を失いつつあります。家族の伝統、学校、司法当局、企業、宗教、政府の影響力は、制御不能な共創の巨大な力に道を譲ることになるでしょう。これを、人類の潜在能力を最大限に発揮できる、解放された新しい世界として捉えることも可能です。逆に、異なる生活形式を持つ人々が、それぞれに自らの大切な目的を追求すれば、「万人が万人と競争する」全面的なアルマゲドンが目前に迫ってきます。個人、家族、コミュニティ、政府、宗教など、境界を持つユニット内部の幸福にばかり目を向けていると、まさにそのような戦争を招くことになるでしょう。本書では、関係のプロセスを関心の中心に据えて、私たちがともに生きのびるための方法を大切に育て、創造することを提案してきました。困難な旅路ですが、本書がそのリソースとなることを心から願っています。

●さらに学びたい方へ

Coleman, P. T., Deutsch, M., & Marcus, E. C. (Eds.) (2014) *The Handbook of Conflict Resolution: Theory and Practice*. 3rd ed. San Francisco, CA: Jossey Bass.

Cottam, H. (2018) *Radical Help: How We Can Remake the Relationships among Us and Revolutionize the Welfare State*. London: Virago.

Crosby, B. C., & Bryson, J. M. (2005) *Leadership for the Common Good: Tackling Problems in a Shared-Power World*. 2nd ed. San Francisco, CA: Jossey Bass.

Emerson, K., & Nabatchi, T. (2015) *Collaborative Governance Regimes*. Georgetown University Press.

Flaskas, C., McCarthy, I., & Sheehan, J. (Eds.) (2007) *Hope and Despair in Narrative and Family Therapy: Adversity, Forgiveness, and Reconciliation*. London: Routledge.

Hassan, Z. (2014) *The Social Labs Revolution: A New Approach to Solving Our Most Complex Challenges*. San Francisco, CA: Barrett-Koehler.

Sampson, C. (2010). *Positive Approaches to Peacebuilding: A Resource for Innovators*. Chagrin Falls, OH: Taos Institute.

Schoem, D., & Hurtado, S. (Eds.) (2004). *Intergroup Dialogue: Deliberative Democracy in School, College, Community, and Workplace*. Ann Harbor, MI: The University of Michigan Press.

Sorensen, E., & Torfing, J. (Eds.) (2016) *Theories of Democratic Network Governance*.

London: Palgrave.
Stearns, P. (Eds.) (2018). *Peacebuilding through Dialogue: Education, Human Transformation, and Conflict Resolution*. Fairfax, VA: George Mason University Press.
Toulouse, P.R. (2018) *Truth and Reconciliation in Canadian Schools*. Winnipeg: Portage and Main Press.

注

52 Pearce, B. (2007) *Making Social Worlds: A Communication Perspective*. Oxford: Blackwell. p. 53.

53 Winslade, J., & Monk, G. (2000) *Narrative Mediation: A New Approach to Conflict Resolution*. San Francisco, CA: Jossey-Bass.（国重浩一・バーナード紫訳　二〇一〇　『ナラティヴ・メディエーション――調停・仲裁・対立解決への新しいアプローチ』北大路書房）

54 Carey, M., & Russell, S. (2003) Outsider-witness practices: Some answers to commonly asked questions. *International Journal of Narrative Therapy and Community Work*, 3-16.

55 Tochluk, S. (2010) *Witnessing Whiteness: The Need to Talk about Race and How to Do It*. 2nd ed. R&L Education.

56 Rose, N., O'Malley, P., & Valverde, M. (2009) Governmentality. *Annual Review of Law and Social Science*, 2: 83-104.

57 さらに、コモンズに基づく意思決定（commons-based decision making）、協同組合運動、熟議民主主義、対話型政策立案（dialogic policymaking）、参加民主主義、人民議会、関係に基づく福祉（relational welfare）、関係に基づく国家（the relational state）などの動きがあります。

58 Cottam, H. (2018) *Radical Help: How We can Remake the Relationships among us and*

Revolutionize the Welfare State. London: Virago.

59 Von Heimburg, D., Ness, O., & Storch, J. (2021) Co-creation of public values: Citizenship, social justice, and well-being. In A. O. Thomassen & J. B. Jensen (Eds.) *Processual Perspectives on the co-productive Turn in Public Sector Organizations*. Hershey, PA: IGI Global

60 Emerson, K., & Nabatchi, T. (2015) *Collaborative Governance Regimes*. Washington, DC: Georgetown University Press.

訳者あとがき

本書は、ケネス・J・ガーゲン（Kenneth J. Gergen）による『The Relational Imperative: Resources for a World on Edge』（2021, Taos Institute Publications）の全訳です。アメリカ・スワースモア大学心理学部のSenior Research Professorであるガーゲンは、社会構成主義の理論家として広く知られ、二〇一八年には「世界に最も影響を与えた存命する心理学者五〇名」にも選ばれています。[1] また、社会構成主義に基づく研究や実践に取り組む人々の国際的なネットワークである、非営利団体タオス・インスティテュート（https://www.taosinstitute.net/）の代表も長く務めています。

ガーゲンの多数の著作のうち、本書は、筆者らが翻訳に携わったものとしては四冊目になります。ガーゲンの主張の核となる部分はずっと一貫していますが、その表現には変化も見られ、たとえば「社会的構成（social construction）」や「社会構成主義（social constructionism）」という言葉は、近年の著作ではほとんど見かけなくなりました。一方、比喩やユーモアにはますます磨きがかかり、多様な文体の使用や実践例の提示、芸術作品とのコラボレーションなど、理論の展開の仕方はいっそう多彩になっています。とはいえ、筆者らがこれまでに訳してきた本は、いずれも学術書の色合いが強く、一人ではなかなか読み通せないという声を耳にすることもありました。特に、「はじめに」で触れられているように本書とつながりの深い『関係からはじまる――社会構成主義がひらく人間観』(二〇二〇年、ナカニシヤ出版)は、ページ数も多く、手に取っていただくハードルがかなり高かったかもしれません。本書は、『関係からはじまる』で展開された関係に基づく考え方のエッセンスを、豊富な事例とともにわかりやすく伝えており、ガーゲンの関係論の世界に興味を持っていただくきっかけになるのではないかと期待しています。

新型コロナウイルスの流行、ロシアによるウクライナ侵攻、地球温暖化による異常気象など、私たちの生きる世界に押し寄せる危機は年々深刻さを増し、どの問題も解決の糸口すら見えません。私たちの日常生活も、常に不安や問題と隣り合わせになっています。ガーゲンは、境界によって区切られた単位を基本とする私たちの常識が、こうした危機や問題の背景になっている可能性を指摘します。関係的なものの見方へと転換する意義は、ますます高まっているのです。本書では、理論的な説明は必要最小限に抑え、さまざまな国や地域で生まれた革新的な取り組みを多数紹介することで、その見方の意義を裏づけています。各分野の具体的な実践について論じている第3章から第6章のうち、教育をテーマとする第3章では、「急速に変化する世界を生きるために必要な学びを学校は提供できているか」という根本的な問題が提起されます。関係の視点から見ると、教育の目的は「ポジティブな協応行為の流れに参加できるようにすること」（六四頁）であり、評価のあり方を変えることが重要な鍵を握ります。第4章のヘルスケアでは、専門家（ケアする人）とケアを受ける人の間にはっきりと線を引き、前者が後者をなおすという因果論的な考え方が問い直され、専門家コミュニティの外に開かれた興味深い実践が報告されています。第5章では、組織の見方を従来の機械メタファーから会話メタファーに転換することが提案され、個人（の能力）ではなく関係に基づくリーダーシップという考え方が例とともに紹介されています。最後に、第6章では「平和と対立」、「統治（ガバナンス）」、「政治・行政（ガバメント）」などのタイムリーなテーマが取り上げられ、関係の視点に基づく議論がなされています。

社会構成主義（社会構築主義）の考え方は、日本においても少しずつ広がってきました。一九九〇年代後半からナラティヴ・セラピーに関する邦訳書などが出版されはじめ、二〇〇〇年代に入ると、体系的にまとめた著作や、アプリシエイティブ・インクワイアリーに関するビジネス書、入門書も次々と邦訳されました（末尾のリストを参照してください）。筆者らが最近翻訳した『関係からはじまる』や『何のためのテスト？』の二冊は、研究者よりもむしろ、実践に携わるさまざまな人々に関心を持たれ、オンラインの読書会がいくつも立ち上がりました。

読書会での出会いを通じて、筆者らは、日本にもガーゲンの理論に興味を持ち、それを自身の実践に活かしたいと思っている人がたくさんいること、実際に多くの興味深い実践や研究がなされていることを知りました。しかし残念ながら、日本の実践は、ガーゲンの著作にはほとんど引用されていません。体系的に学べる場が少なかったり、言語や費用の面でアクセスが難しかったりすることから、じっくりと議論を深め、日本の外に発信することがあまりできていなかったのかもしれません。筆者らはこれまで、まず自分たちがガーゲンの理論を日本語で読んで理解したいという思いから、翻訳に取り組んできました。そして今度は、日本で交流の場を創り出し、おもしろい実践や研究を他の国の人々に発信していくために、思いを共有する人たちとともにタオス・インスティテュートの日本支部を立ち上げることにしました（https://taosinstitutejapan.com）。本書を通して、まずはガーゲンの考え方の魅力に触れ、興味を持っていただくこと、そして、その理論に関心を持つ世界中の仲間とのつながりを生み出していくことが、筆者らの願いです。

訳者を代表して　東村知子

さらに学びたい方へ

ガーゲンの考え方や社会構成主義についてもっと知りたいと思われた方は、ぜひ以下の書籍も手に取ってみてください。

ガーゲンの著作

シーラ・マクナミー&ケネス・J・ガーゲン『ナラティブ・セラピー――社会構成主義の実践』(一九九七年、金剛出版)
ケネス・J・ガーゲン『もう一つの社会心理学――社会行動学の転換に向けて』(一九九八年、ナカニシヤ出版)
ケネス・J・ガーゲン『社会構成主義の理論と実践』(二〇〇四年、ナカニシヤ出版)
ケネス・J・ガーゲン『あなたへの社会構成主義』(二〇〇四年、ナカニシヤ出版)
ケネス・J・ガーゲン&ロネ・ヒエストゥッド『ダイアローグ・マネジメント――対話が生み出す強い組織』(二〇一五年、ディスカヴァー・トゥエンティワン)
ケネス・J・ガーゲン&メアリー・ガーゲン『現実はいつも対話から生まれる』(二〇一八年、ディスカヴァー・トゥエンティワン)
ケネス・J・ガーゲン『関係からはじまる――社会構成主義がひらく人間観』(二〇二〇年、ナカニシヤ出版)
ケネス・J・ガーゲン&シェルト・ギル『何のためのテスト?――評価で変わる学校と学び』(二〇二三年、ナカニシヤ出版)

その他

デビッド・L・クーパーライダー&ダイアナ・ウィットニー『AI「最高の瞬間」を引きだす組織開発——未来志向の〝問いかけ〟が会社を救う』（二〇〇六年、PHPエディターズグループ）

ヴィヴィアン・バー『ソーシャル・コンストラクショニズム——ディスコース・主体性・身体性』（二〇一八年、川島書店）

能智正博・大橋靖史編『ソーシャル・コンストラクショニズムと対人支援の心理学——理論・研究・実践のために』（二〇二一年、新曜社）

注

1 https://thebestschools.org/features/most-influential-psychologists-world/
https://www.taosinstitute.net/images/WhatsNewImages/Ken%20Gergen%20-%20Top%2050%20psychologists%20today%201-2018.pdf

索　引

【訳者紹介】
東村知子（ひがしむら・ともこ）
京都大学大学院人間・環境学研究科博士後期課程修了
博士（人間・環境学）
現在、京都教育大学教育学部准教授
主要著作：
『発達支援の場としての学校』（共編、ミネルヴァ書房、2016）
『ソーシャル・コンストラクショニズムと対人支援の心理学』（分担執筆、新曜社、2021）
K. J. ガーゲン『あなたへの社会構成主義』（翻訳、ナカニシヤ出版、2004）
K. J. ガーゲン『関係からはじまる』（共訳、ナカニシヤ出版、2020）
K. J. ガーゲン・S. R. ギル『何のためのテスト？』（共訳、ナカニシヤ出版、2023）

鮫島輝美（さめしま・てるみ）
京都大学大学院人間・環境学研究科博士後期課程修了
博士（人間・環境学）
現在、関西医科大学看護学部教授
主要著作：
『「生きづらさ」に寄り添う〈支援〉』（単著、ナカニシヤ出版、2018）
K. J. ガーゲン『関係からはじまる』（共訳、ナカニシヤ出版、2020）
K. J. ガーゲン・S. R. ギル『何のためのテスト？』（共訳、ナカニシヤ出版、2023）

久保田賢一（くぼた・けんいち）
米国インディアナ大学大学院教育システム工学専攻修了
Ph.D（Instructional Systems Technology）
関西大学名誉教授
主要著作：
『主体的・対話的で深い学びの環境とICT［新装版］』（共編著、東信堂、2022）
『途上国の学びを拓く』（編著、明石書店、2021）
『大学のゼミから広がるキャリア』（監修、北大路書房、2020）

ページ下部挿絵＝大路峻生

関係の世界へ
危機に瀕する私たちが生きのびる方法

2023 年 10 月 20 日　　初版第 1 刷発行　　　　　定価はカヴァーに表示してあります

原著者　Kenneth J. Gergen
訳　者　東村知子
　　　　鮫島輝美
　　　　久保田賢一
発行者　中西　良
発行所　株式会社ナカニシヤ出版
〒606-8161　京都市左京区一乗寺木ノ本町 15 番地
Telephone　075-723-0111
Facsimile　075-723-0095
Website　http://www.nakanishiya.co.jp/
Email　iihon-ippai@nakanishiya.co.jp
郵便振替　01030-0-13128

装幀＝白沢　正／印刷・製本＝創栄図書印刷株式会社
Printed in Japan.
ISBN978-4-7795-1761-7